Text und Porträt 22

Text und Porträt

Herausgeber:
Literarisches Colloquium Berlin
Berliner Künstlerprogramm des DAAD

Alasdair Gray

Kleine Disteln

Knappe Geschichten

Aus dem Englischen
von Ulrike Seeberger

Fototeil:
Renate von Mangoldt

Aufbau-Verlag

ISBN 3-351-02822-9

1. Auflage 1996
© Aufbau-Verlag GmbH, Berlin 1996
© Alasdair Gray für »Selbstporträt«
Die übrigen Geschichten erstmals 1985 in Großbritannien
von Jonathan Cape Ltd. veröffentlicht.
Lektorat: Thomas Geiger
Einbandgestaltung: Henkel/Lemme
Satz: Dörlemann Satz, Lemförde
Druck und Binden: Clausen & Bosse, Leck
Printed in Germany

Inhalt

Bericht für den Stiftungsrat des Bellahouston-Reisestipendiums	7
Die Antwort	46
Der Nörgler	54
Eine kleine Distel	62
Die Geschichte eines Einsiedlers	67
Selbstporträt	100
Fototeil	127

Bericht für den Stiftungsrat des Bellahouston-Reisestipendiums

Ich möchte mich beim Stiftungsrat von Bellahouston und beim Direktor der Kunsthochschule, Mr. Bliss, zunächst dafür entschuldigen, daß ich so lange gebraucht habe, um diesen Bericht zu schreiben. Wäre die Reise nach Plan verlaufen, so hätten sie bei meiner Rückkehr ein bebildertes Tagebuch bekommen, das genau beschreibt, was ich gemacht und welche Orte ich besucht habe. Aber ich habe nur sehr wenige Orte besucht, und meine Unternehmungen waren konfus und absurd. Um zu zeigen, daß sich die Reise trotz alledem gelohnt hat, muß ich berichten, was ich daraus gelernt habe. Ich mußte dazu meine Erinnerung an die Ereignisse analysieren und meine Schlußfolgerungen daraus ziehen, wie ein Archäologe, der eine prähistorische Müllhalde durchforscht. Ich habe ein Jahr gebraucht, um herauszufinden, was zwischen Oktober 1957 und März 1958 eigentlich mit mir und dem Stipendiengeld geschehen ist.

Als ich erfuhr, daß man mir das Stipendium zugesprochen hatte, war mein erster Wunsch gewesen, zu Fuß oder mit dem Fahrrad zu reisen und Landschaften und Städte in Schottland zu skizzieren, denn ich kenne außer Glasgow, zwei Inseln im Firth of Clyde und verschiedenen Orten, die ich bei Tagesausflügen nach Edinburgh besucht hatte, nur sehr wenig vom Land. Eine der Bedingungen des Stipendiums war jedoch, daß ich ins Ausland gehen sollte. Ich beschloß, vierzehn Tage in London zu verbringen, von dort mit dem Schiff nach Gibraltar zu reisen, mir eine billige Unterkunft im Süden Spaniens zu suchen und dort so lange zu malen, bis mir das Geld ausging, dann über Granada, Málaga, Madrid, Toledo, Barcelona und Paris nach Hause zu reisen und mir unterwegs die maurischen Moscheen, barocken Kathedralen, plateresken Paläste, die Werke von El Greco, Velázquez und Goya, Boschs »Garten der Irdischen Lüste«, Breughels »Triumph des Todes« und einige andere prachtvolle, knallig-bunte Schinken anzusehen, die angeblich alle Verbrechen unserer Zivilisation aufwiegen. Dieser hervorragende Plan, den auch Mr. Bliss für gut hieß, ist auch dadurch nicht schlechter geworden, daß ich letztendlich nur zwei Tage in Spanien verbrachte und mir nichts ansah, was irgendwie von Interesse gewesen wäre.

Am 31. Oktober bestieg ich in Glasgow Central Station den Zug nach London. Es war beinahe Mitternacht, es war dunkel und es nieselte. Um Geld zu sparen, hatte ich keinen Schlafwagenplatz gebucht. Die Aussicht auf strahlend hellen Sonnenschein, neue Länder und Leute hätte mich eigentlich anregen sollen, aber während der Zug nach Süden raste, schob sich finstere Düsternis über mich. Ich blickte in den regenüberströmten Fenstern des Abteils auf mein Spiegelbild und bekam Zweifel am Wert der oberflächlichen Erfahrungen eines Touristen, ganz gleich wo. Schon jetzt hatte ich Heimweh. Ich liebe Glasgow nicht besonders, manchmal hasse ich es sogar, aber ich bin hier zu Hause. In London verstärkte sich dieses Heimweh so sehr, daß es schließlich meine ursprünglich gute Laune völlig untergraben hatte und mir so schwer auf der Brust lag, daß mir das Atmen Mühe bereitete. Ich hatte während der drei vorhergegangenen Sommer mit Asthma im Krankenhaus gelegen, aber einer der behandelnden Ärzte hatte gemeint, daß ein weiterer schwerer Anfall unwahrscheinlich wäre und mir eine Auslandsreise sehr wohl auch guttun könnte. Ich hatte ein Tascheninhaliergerät, das mir das Atmen mit kleinen Wölkchen Atropinmethondrat, Papaverin-Hydrochlorid, Chlorbutal und Adrenalin erleichterte, und gegen starke Krämpfe hatte ich eine Flasche mit Adrenalinlösung und eine Injektionsnadel dabei, mit der ich mir eine Spritze setzen konnte. In London übernachtete ich in einem Studentenhotel in einer Straße gleich hinter dem hohen Universitätsgebäude. Der Schlafsaal war nicht besonders groß und hatte etwa fünfzig Stockbetten; alle waren belegt. Ich hatte Angst, in der Nacht das Inhaliergerät zu benutzen, falls ich mit dem Geräusch jemanden aufwecken würde, also benutzte ich die Nadel, die eigentlich für akute Notfälle reserviert sein sollte. Das machte meinen Schlaf unruhig. Bei Nacht fühlte ich mich im Schlafsaal gefangen, bei Tag in London.

Die wichtigsten Geschäfte und Bürogebäude in London sind so groß wie unsere daheim, manchmal größer, aber die Wohnhäuser sind meist aus Backsteinen und selten mehr als halb so hoch wie die schottischen Mietshäuser aus Sandstein. Solche Gebäude dürften in einem von Wiesen umgebenen Landstädtchen sehr hübsch aussehen, aber zusammengeballt zu einer ganzen Grafschaft, Horizont über Horizont über Horizont, sind sie für mich wie eine Wüste. Und sie sind auch darum nicht weniger wüstengleich, nur weil sich in ihrer Mitte einige wunderbare Prachtbauten und Museen befinden. Ich besuchte diese Oasen, wie es der Stiftungsrat von mir erwartet hätte, aber ich war auch immer wieder gezwungen, sie zu verlassen, um mich in einem Durcheinander von Straßen wiederzufinden, die sich in meinem Kopf nicht zu einem klaren Stadtplan zusammenfinden wollten. Wie die meisten Wüsten ist diese Stadt nahezu eben und gewährt keinen Ausblick auf fruchtbarere Landstriche. Die Straßen im Zentrum von Glasgow liegen auch im Klammergriff großer

Gebäude, aber es ist immer ein leichtes, zu einer Straßenecke zu gelangen, von der man an einem klaren Tag den Blick auf die Berge im Norden oder im Süden schweifen lassen kann. Ich weiß, daß ich London gegenüber unfair bin. Ein normaler Bewohner der Stadt hat einen ihm vertrauten Bezirk etwa von der Größe eines Dorfes. Nur ein Fremdling verspürt die Herausforderung, den Ort als Ganzes zu beurteilen. Das ist unmöglich und vermittelt ihm folglich das Gefühl, klein und einsam zu sein. Ich besuchte einige Verlage mit einer Mappe voll Zeichnungen und einem maschinengeschriebenen Manuskript meiner Gedichte. Ich hoffte, daß man mich bitten würde, ein Buch zu illustrieren – vielleicht mein eigenes. Man empfing mich überall freundlich und schickte mich wieder fort, und obwohl ich keine Wut über die Verleger verspüren konnte (die schließlich ohne Arbeit dagestanden hätten, wenn sie nicht gewußt hätten, was sich verkaufen läßt), wandte ich meine Enttäuschung gegen die Stadt. Mein Asthma wurde schlimmer. Ich spazierte durch die Straßen und weigerte mich, beeindruckt zu sein.

Der Ort, der mich am wenigsten beeindruckte, war die Regierungskirche, Westminster Abbey. Dieses einstmals noble gotische Gebäude ist randvoll mit Standbildern von Landbesitzern, Fabrikdirektoren und Verwaltern, die alle zu Reichtum gekommen waren, indem sie genau das taten, was man von ihnen erwartete. Und nun stehen sie mit ihren marmornen Perücken, Stiefeln und Gehröcken genauso festgemauert da wie einst die katholischen Heiligen und Märtyrer, die von ihnen verdrängt wurden. Dazwischen findet sich ab und zu ein Gedenkstein, in den der Name eines Menschen eingemeißelt ist, der schöpferisch oder mutig war. Ein weniger prahlerischer, aber wesentlich niederträchtigerer Ort ist der Tower of London. Dieses Fort wurde von den Normannen zur Versklavung der englischen

Eingeborenen errichtet (die zuvor ein vergleichsweise demokratisches und sogar künstlerisches Volk gewesen waren, wenn man nach den illustrierten Manuskripten urteilen darf, die sie auf das europäische Festland exportierten) und von späteren Regierungen als Waffenarsenal, Gefängnis und blutiges Polizeirevier benutzt. Das gibt jeder offen zu. Klare Beschriftungen erklären die Ständer mit den Waffen und die mitleiderregenden Botschaften, die die Gefangenen in die Wände ihrer Zellen eingeritzt haben. Und dieselben Menschen, die sich angesichts einer Reihe von Schlagstöcken oder des Stacheldrahtzauns um ein Konzentrationslager unbehaglich fühlen würden, erschauern hier freudig, weil diese Gegenstände doch angeblich Teil einer *großartigen* Vergangenheit sind. Im Tower sind auch die Kronjuwelen untergebracht. Es waren mehr, als ich mir vorgestellt hatte: zwölf oder fünfzehn riesige Vitrinen mit Kronen, Reichsäpfeln, Szeptern, Schwertern und zeremoniellen Salzstreuern. Das meiste stammt aus dem achtzehnten Jahrhundert – ich kann mich an nichts erinnern, das so alt gewesen wäre wie die Insignien des sechsten Jamie Stewart im Edinburgher Schloß. Eins fiel mir auf: Je weniger die Monarchen als arbeitende Politiker tätig waren, desto mehr Geld wurde für ihre Verzierung ausgegeben. Der Höhepunkt dieser Entwicklung ist die riesige Crown Imperial, eine Jugendstilarbeit, die für die Krönung von Edward dem Fetten im Jahre 1901 geschaffen wurde, als der Erzbischof von Canterbury den teuersten und nutzlosesten Hut der Welt auf den teuersten und nutzlosesten Kopf der Welt setzte.

Ob mir in London irgend etwas gefallen hat? Ja: die Arbeiten der großen Cockneys, der beiden Williams: Blake und Turner. Und St. Paul's Cathedral. Und das Untergrundbahnsystem. Letzteres war mir ein großer Trost: mit seinem eleganten H.G. Wells-Schwung der dreifachen Rolltreppen, mit den Reihen gerahmter, verglaster Werbefotos für Filme und Damenunterwäsche, mit Tunneln unter Tunneln über Tunneln, mit Fahrscheinen, die es einem Reisenden, der in den falschen Zug geraten ist, ermöglichen, den Weg zum richtigen Endbahnhof zu finden, ohne aufzahlen zu müssen.

Und doch war ich froh, eines Morgens in der Liverpool Street Station den Zug zum Hafen zu besteigen und den zweiten Teil meiner Reise nach Spanien anzutreten. Ich fuhr in Begleitung von Ian McCulloch, der an diesem Morgen aus Glasgow eingetroffen war. Er ist auch Künstler und hat gleichzeitig mit mir seinen Hochschulabschluß in Malerei gemacht. Er wollte wie ich nach Spanien und hatte sich das Geld für die Reise als Gaslaternenanzünder in der Nähe der Eisengießerei von Parkhead, Shettleston zusammengespart. Wir hatten verabredet, daß wir zusammen reisen und uns die Miete einer kleinen Unterkunft in Südspanien teilen wollten. Der Zug fuhr auf einer überhöhten Böschung an den üblichen Straßen mit den kleinen Häuschen vorbei, erreichte dann einen Ort, in dem riesige Konstruktionen, teils Warenlager, teils Maschinen, inmitten eines Gleislabyrinths aufragten. Auch hier waren die kleinen Backsteinhäuschen zu finden, aber die sie umgebenden riesigen Maschinen verliehen ihnen die Würde eines vorgeschobenen Außenpostens. Wir waren in den Docks angekommen.

Das Schiff hieß »Kenya Castle«, und lange bevor es ablegte, war uns schon klar, daß es die schwimmende Version einer Art von Hotel war, die wir beide noch nie betreten hatten. Unsere Kabine war klein, aber kompakt. Sie enthielt zwei sarggroße Kojen, jede mit einer Leselampe und einem verstellbaren Ventilator ausgestattet. Es gab ein winziges Waschbecken mit fließendem heißem und kaltem Wasser, Handtücher, Waschlappen, Seife, ein Spind mit

Kleiderbügeln, einen Knopf, um den Steward herbeizuläuten, und einen anderen für die Stewardeß. In den Toiletten fand sich in jeder Kabine neben der Rolle Toilettenpapier auch ein sauberes Handtuch, vermutlich um sich daran nach Gebrauch des Papiers die Hände abzuwischen, obwohl es im Vorraum draußen auch Waschbecken und Handtücher gab. (Mir ist inzwischen eingefallen, daß das zusätzliche Handtuch vielleicht dazu bestimmt war, die Toilettenbrille vor Gebrauch zu polieren.) Die Speisekarten brachten uns in größte Verlegenheit. Sie waren auf Hochglanzkarton gedruckt und bei jeder Mahlzeit mit einem Photo aus einer anderen Ecke des britisch-afrikanischen Imperiums geziert – »Sommerresidenz des Gouverneurs im Protektorat Balihoo«, »Bungalow des Vize-Kommissionärs in Janziboola« und so weiter. Die Speisenfolge war jedoch auf Französisch angegeben. Ganz offensichtlich waren einige der Gerichte Alternativen zu anderen, während man wieder andere auf dem gleichen Teller erbitten konnte, vielleicht sogar sollte. Wir wollten so viel wie möglich essen, um den bezahlten Überfahrtspreis voll auszuschöpfen; gleichzeitig befürchteten wir aber, daß man uns mehr berechnen würde, wenn wir mehr als die uns bestimmte Menge verzehrten. Auch befürchteten wir, daß man uns verachten würde, wenn wir uns in dieser Angelegenheit mit der Bitte um Information an einen Kellner wandten. Wir saßen an einem Tisch mit zwei Priestern, einem Katholiken und einem Anglikaner. Ian und ich waren eher gute Bekannte als enge Freunde. Wir hatten nur unsere Nationalität, unseren Beruf und unser Reiseziel gemeinsam und überließen gern den beiden Priestern die Unterhaltung. Sie sprachen hauptsächlich über eine Papst-Audienz, an der der Anglikaner teilgenommen hatte. Er redete mit dem Katholiken in dem respektvollen Ton, den vielleicht ein höflicher Handelsvertreter gegenüber dem Repräsentanten einer wesentlich erfolgreicheren Firma anschlagen würde. Er berichtete, daß die Hände des Papstes eine wunderbare Form hätten, daß es Künstlerhände, Malerhände seien. Ian und ich blickten auf unsere eigenen Finger. Meine hatten Farbspritzer unter den Fingernägeln, die ich in den vergangenen vierzehn Tagen einfach nicht weggebracht hatte.

Nach diesem Essen wurde im Salon Kaffee gereicht. Die Tassen waren winzig, und kleine, festonierte Papierscheiben zwischen Tasse und Untertasse sollten die Tropfen auffangen. Es saßen viele Menschen im Salon, aber er war so geräumig, daß er nie überfüllt wirkte. Die Dunkelheit hatte sich herabgesenkt, und wir glitten langsam die Themse hinunter. Auf kleinen Tischen lagen Illustrierte: *Vogue, House and Garden, John O'London's, Punch*, die Art von Illustrierten, die man in den Wartezimmern teurer Zahnärzte findet, bloß nichts, was einen zum Denken anregen könnte. Ich spielte eine furchtbar schlechte Partie Schach mit Ian und bestellte zwei Whiskies, die jetzt, da wir abgelegt hatten, billig waren. Meinen trank ich hauptsächlich, um das Asthma zu betäuben, aber Ian fühlte sich verpflichtet, es mir gleichzutun und auch zwei zu bestellen, und das nahm er mir übel. Er hatte weniger Geld als ich und dachte, daß wir diese Reise sehr extravagant begannen. Das Schiff ließ die Flußmündung hinter sich und erreichte die offene See. Ich merkte, wie der Boden dieses üppigen Salons, den bisher nur ein verborgenes Dröhnen erschüttert hatte, nun sacht zu schwanken begann. Eine unruhige, flackernde Leichtigkeit im Magen lenkte mich etwas von dem Druck ab, der auf meiner Brust lastete. Ich verließ den Salon und ging zu Bett, nachdem ich mich vorher noch in das Waschbecken übergeben hatte.

Während des Frühstücks am nächsten Morgen beobachtete ich die Bullaugen in der Wand des Salons. In jedem

Bullauge bewegte sich der Horizont auf und ab wie die untere Kante eines Rollos. Wenn der Horizont unten war, gab es draußen nichts als blaßgrauen Himmel zu sehen. Nach ein paar Sekunden wurde er dann wieder hochgezogen, und jetzt gaben die Bullaugen den Blick auf nichts als dunkelgraues Wasser frei. Die Unterhaltung der Priester schien unverzeihlich banal.

Ich hatte Heimweh und Asthma und war seekrank. Ich ging wieder zu Bett und benutzte mein Inhaliergerät, aber das wirkte schon lange nicht mehr. Ich setzte mir eine große Spritze Adrenalin. In dieser Nacht wurde mir das Atmen überaus schwer, und ich konnte nicht schlafen, auch die Spritzen halfen nicht mehr viel. Die Unmöglichkeit, sich in der Koje aufzusetzen, die Enge der Kabine und das Schwanken des Fußbodens verstärkten nur mein Erstickungsgefühl. Ich verlor völlig die Erinnerung daran, wie sich ein normaler Atemzug angefühlt hatte, und verlor somit auch alle Hoffnung, je wieder einen zu tun. Ich konnte mir jedoch deutlich vorstellen, wie ich mich fühlen würde, falls sich mein Zustand verschlechterte, also übermannte mich die Furcht. Diese Furcht verringerte meine Fähigkeit, mich der Schmerzen zu erwehren, die folglich noch stärker wurden. In diesem Stadium war es sehr schwierig, die Furcht nicht zur Panik anschwellen zu lassen, denn je mehr Schmerzen ich verspürte, desto mehr Schmerzen konnte ich mir vorstellen. Ich konnte meine Phantasie nur davon abhalten, dieses Kapital der Furcht noch weiter zu akkumulieren, indem ich krampfhaft an etwas anderes dachte. Hier waren nur erotische Bilder stark genug. Da ich keinerlei Erfahrung mit sexueller Befriedigung hatte, rief ich mir die Frauen auf den Werbeplakaten in der Londoner Untergrundbahn ins Gedächtnis.

Am nächsten Morgen bat ich Ian, den Schiffsarzt zu rufen, der in unsere Kabine kam und sich neben meine

Koje hinsetzte. Er war ein älterer, freundlicher Schotte mit kerzengerader Haltung, einem roten Gesicht und einem silbrigen Schnurrbart. Seine Uniform hatte mehrere Litzenringe am Ärmel. Seine Sprache bestand aus plötzlichen, entschiedenen Aussagen, die durch abrupte Schweigeintervalle unterbrochen wurden, während derer er sich aufrecht hinsetzte, die Knie mit den Händen packte und geradeaus in die Luft starrte. Er fühlte mir den Puls, betatschte mich mit seinem Stethoskop, gestand mir zu, daß ich Asthma hätte, und ging. Nach einer Weile erschien eine Krankenschwester und gab mir eine intravenöse Spritze, nach der ich mich ein wenig besser fühlte. Später kam Ian und berichtete, daß es an Deck ziemlich warm wäre und man einen Wal gesehen hätte. Am folgenden Tag erschien der Arzt wieder, saß kerzengerade neben mir und fragte mich, wie es mir ginge. Ich antwortete, ein bißchen besser, und daß ich hoffte, bald aufstehen zu können. Er fragte unvermittelt: »Wie ist die Verdauung?« Ich sagte, ich hätte keinerlei Probleme damit. Wieder saß er eine Weile in trance-gleichem starrem Schweigen und meinte dann plötzlich: »Kaufen Sie sich im Laden eine Dose Glaubersalz. Regelmäßig einnehmen.« Und ging.

In jener Nacht wuchs mir ein fester Kloß im Hals, der sich nicht durch Husten verschieben oder durch Ausspukken verringern ließ. Auch erotische Bilder brachten mir keine Linderung mehr, obwohl ich versuchte, mich an die schamlosesten Einzelheiten aller Obszönitäten zu erinnern, die ich je gehört oder gelesen hatte. Am nächsten Tag bat ich um einen weiteren Besuch des Arztes. Der teilte mir mit, daß ich eine Lungenentzündung hätte und in das Schiffslazarett gebracht werden müßte. Er ging, und dann erschien ein Krankenpfleger mit einem hölzernen Rollstuhl. Panik überkam mich, als man mich hineinsetzte, mein Verstand zerkrümelte für einige wenige Augenblicke völlig, und ich benahm mich wohl ziemlich kindisch. Man versetzte mir zwar keine Ohrfeige, brüllte mich aber an. Daraufhin machte ich meinen Körper im Rollstuhl so steif wie nur irgend möglich, um meinen Verstand fest zusammenzuhalten. Man rollte mich über enge Gänge in die Krankenstation. Dort legten mich die Krankenschwester und der Pfleger in ein richtiges Bett. Ich konnte mich etwas beruhigen. Die Krankenstation war ein pieksauberer, heller Raum mit vier Betten und kleinen geblümten Vorhängen um die Bullaugen. Ich bat um eine intravenöse Adrenalinspritze. Die Krankenschwester erklärte mir, daß dies meiner Lungenentzündung wohl nicht abhelfen würde. Sie befestigte einen kleinen Sauerstoffzylinder am Kopfende des Bettes und reichte mir eine Maske, die über einen Gummischlauch damit verbunden war. Das half mir ein wenig. Der Pfleger brachte ein Formular, stellte mir einige Fragen und füllte es aus. Meine Konfession bereitete ihm Kopfzerbrechen. Ich sagte, ich wäre Agnostiker, und sein Bleistift schwankte unentschlossen über einem weißen Kästchen. Ich buchstabierte ihm das Wort, aber er schrieb »Agnoist« hin. Ian kam mich besuchen, und ich diktierte ihm einen Brief an meinen Vater, der in Gibraltar zur Post gegeben werden sollte. Man hatte ihm ein Funktelegramm geschickt, und ich wollte seine Sorgen zerstreuen, die ihm das unter Umständen bereitet hatte. Ich konnte an Ians Verhalten nichts Besonderes feststellen, aber später hat er mir gestanden, daß er damals Mühe hatte, die Tränen zurückzuhalten. Die Diagnose des Arztes lautete Lungenentzündung, möglicherweise mit Tuberkulose, und er sagte, es würde an ein Wunder grenzen, wenn ich in Gibraltar noch am Leben wäre. Während wir an dem Brief arbeiteten, kam der Arzt mit einem Mann herein, der die gleiche Uniform wie er trug. Der Fremde blickte mit einem kleinen, verlegenen Lächeln auf mich herunter, während der

Arzt mit lauter, fröhlicher, leutselig schottischer Stimme mit mir redete: »Aye, Alasadair, nur nicht den Herzensmut verlieren, Junge!« rief er. »Und immer an die Worte des unsterblichen Burns denken: ›S'ist nur das Herz, das zwischen recht und falsch entscheidet.‹«

»Haargenau, Doktor, haargenau«, erwiderte ich und spielte die Komödie mit. Er erklärte mir, daß ich am nächsten Morgen, sobald das Schiff Gibraltar erreichte, in ein Krankenhaus an Land verlegt würde und daß ich in der Zwischenzeit (und hierbei blickte er auf die Anzeigenadel an meinem Sauerstoffzylinder) besser ein bißchen sparsamer mit dem Sauerstoff umgehen sollte. Ich hätte bereits einen halben Zylinder verbraucht, und im Vorratsraum wäre nur noch einer auf Lager. Nachdem die beiden Besucher weggegangen waren, teilte mir die Krankenschwester mit, daß der andere Mann der Kapitän gewesen war.

Danach wurde das Leben eine Zeitlang sehr schwierig. Ich leerte den einen Sauerstoffzylinder und hatte den letzten schon angefangen, der etwas über vierzig Minuten müheloses Atmen für mich enthielt. Es war nicht leicht, diese vierzig Minuten über die achtzehn Stunden bis Gibraltar zu verteilen. Schlaf war mir unmöglich geworden, und ich hatte Angst, daß ich vielleicht zu müde werden könnte, um mich zum Atmen zu zwingen. Während dieser Zeit umsorgten mich die Krankenschwester und der Pfleger. Sie war eine nicht sehr hübsche, etwas schlaksige, ernste, aber sehr angenehme junge Frau. Sie gab mir Penizillin-Spritzen und saubere Handtücher, mit denen ich mir den Schweiß abwischen konnte. Der Pfleger war ein kleiner vierschrötiger muskulöser Mann mit einem schwerfälligen, freundlichen Gesicht. Er brachte mir um neun Uhr abends einen großen Kognak, und noch einen um Mitternacht. Ich hatte das Gefühl, daß ich mich auf die beiden bedingungslos verlassen konnte. Um ein Uhr morgens kam der Arzt in Ausgehuniform zu mir. Ich hatte noch nie vorher eine Hemdbrust aus Zelluloid gesehen. Der Arzt lehnte sich über mein Bett, hauchte mir irgendwelche Dünste ins Gesicht und fragte mich mit angestrengter Fröhlichkeit, wie es mir ginge. Ich sagte, ich hätte Angst und Schmerzen. Er deutete auf die Sauerstoffmaske, riet mir, sie zu benutzen, wenn es mir schlechter gehen sollte, und eilte davon. Der Zylinder war beinahe leer. Als er völlig leer war, betätigte ich die Klingel über dem Bett. Der Pfleger kam auf der Stelle im Schlafanzug hereingerannt. Ich bat ihn um einen weiteren Kognak und bekam ihn auch. Das linderte zwar meine Schmerzen nicht, machte mich aber unfähig, klar darüber nachzudenken. Vielleicht habe ich noch ein paarmal nach Kognak geklingelt, vielleicht auch nicht, jedenfalls sind meine weiteren Erinnerungen konfus. Nur an eine Begebenheit erinnere ich mich klar und deutlich: Die Krankenschwester kam in einem langen Morgenmantel mit Blumenmuster herein und erschien mir sehr schön. Sie blickte auf den leeren Zylinder, legte mir die Hand an die Stirn, ging dann weg und holte einen weiteren Zylinder. Ich lachte und schüttelte ihr die Hand, und ich bin ganz sicher, daß sie gelächelt hat. Ich spürte eine heimliche Übereinkunft zwischen uns beiden: Sie und ich, wir waren Verbündete gegen etwas Schreckliches. Ich weiß nicht, ob sie den Anweisungen des Arztes zuwidergehandelt hat, als sie mir den dritten Zylinder gab. Vielleicht hatte er ja nur sehr wenige und wollte eine bestimmte Anzahl zurückbehalten, falls ein anderer sie während der Überfahrt brauchen sollte.

Später verstummte die Schiffsmaschine, und ich wußte, daß wir in Gibraltar angekommen waren. Ich glaube, es war etwa fünf Uhr morgens. Ich erinnere mich nicht mehr wie, aber ich wurde auf eine Tragbahre verlegt, so warm und fest eingemummelt wie eine ägyptische Mumie und dann in eine karge Kabine getragen und dort auf dem Boden abgestellt. Die Trage hatte kleine Füßchen, die sie etwas von den Bodenplanken abhoben. Das Atmen fiel mir nun leichter, und ich begann mich wohlzufühlen. Der Arzt stand in seiner gewohnten Uniform in der Nähe und blickte aus einem Bullauge. Er war weniger betrunken als bei seinem Besuch in der Nacht, aber noch sehr mild gestimmt und redselig. Ich konnte nun sehen, daß seine kerzengerade Haltung und abrupte Sprechweise nur eine Tarnung für eine wunderbar kontrollierte, beinahe immerwährende Trunkenheit bildete. Ich hegte freundliche Gefühle für ihn, und er für mich. Er seufzte und sagte: »Da ist es – Gibraltar – im Mondenschein. Ich hätte nie gedacht, daß ich es je wiedersehen würde, Alasdair, ich habe vergessen, wie lange es her ist, seit ich es zum letzten Mal gesehen habe.«

»Hatten Sie eine Praxis an Land?«

»Dieser staatliche Gesundheitsdienst ist die reine Pest, Alasdair. Formulare ausfüllen, Büroarbeiten, immer mit dem Füller in der Hand. In der guten alten Zeit arbeitete ein Arzt mit dem Stethoskop in der einen und einem S-s-s-s-s-s-skalpell in der anderen Hand. Wie geht es Ihnen?«

»Viel besser.«

»Sie haben eine schlimme Zeit hinter sich, Alasdair, eine sehr schlimme Zeit... letzte Nacht hat mir ein katholischer Priester gesagt, daß ich eine verlorene Seele wäre.«

Er blickte wieder aus dem Bullauge und sagte dann: »Ich war einmal verheiratet. Das Mädchen ist einen Monat nach der Hochzeit gestorben.«

»Glauben Sie, ich könnte noch einen Kognak bekommen?«

»Möchten Sie keinen Whisky? Ich kann Ihnen einen guten Glenlivet anbieten.«

Ich will nicht behaupten, daß der Arzt genau die gleichen Worte sprach, aber er redete in genau der Reihenfolge von diesen Dingen, wie ich sie aufgeschrieben habe, und stotterte beim s von Skalpell, was in mir ein Bild von einem chirurgischen Instrument heraufbeschwor, das in einer zitternden Hand bebte. Später hörten wir das Tuckern eines kleinen Bootes. Er sagte: »Das ist der Leichter«, ging hinaus und kehrte mit drei Seeleuten und einem spanischen Arzt zurück, einem breit gebauten, dufflecoat-tragenden, randlos bebrillten, kurz angebundenen Mann. Er sprach leise mit dem Schiffsarzt, untersuchte mich mit seinem Stethoskop und ging dann fort, nachdem er den angebotenen Drink abgelehnt hatte. Ich hörte das Tuckern des Bootes, als es wegfuhr.

Später am Morgen wurde ich bei strahlendem Sonnenschein in ein Krankenhaus verlegt. Ich lag immer noch fest in Decken verpackt auf der Trage, und nur mein Kopf schaute heraus. Ich fühlte mich wohl, privilegiert und so wenig neugierig, daß ich gar nicht erst versuchte, irgend etwas zu sehen, was sich nicht direkt oberhalb meiner Augen befand. Ich sah ein Stück Schiffswand vor blaßblauem Himmel. Ich hörte Stimmengewirr und fühlte eine harsche, kalte Brise auf der Haut. Ich glaube, ich kann mich auch noch an die Spitze eines weißen Mastes oder einer Fahnenstange erinnern, wo der Wind eine Fahne straff aufblähte. Das muß wohl an Bord des Leichters gewesen sein. Manchmal umgab ein unregelmäßiger Rahmen aus nach unten starrenden Gesichtern meine Aussicht. Einmal blickte für kurze Zeit das faltige, vertrocknete Gesicht einer Dame mittleren Alters auf mich herab, lächelte und sagte: »Na, na, junger Mann, da haben wir aber ein bißchen Pech gehabt, was? Ziemlich unangenehme Lage, wie?« und noch andere knapp angebundene, freundlich gemeinte Worte in dem stoischen Herrenreiterton der englischen Oberschicht. Ich mochte sie, weil sie so freundlich war und sich so leicht einordnen ließ. Ich erblickte die Holzdecke einer Zollbaracke, den niedrigen stählernen Himmel eines Krankenwagens und dann nach zehn Minuten Fahrlärm eines schnell bergauf fahrenden Wagens die beigeweiße Decke eines Krankenhausflurs. So kam ich also in Gibraltar an, ohne auch nur einen Blick auf den Felsen zu werfen. Tatsächlich hatte ich seit der Abfahrt aus London auch nur ein einziges Mal das Meer gesehen, während des ersten Frühstücks auf See. Jetzt packte man mich in ein Bett, über mir schwebte eine Flasche mit Kortisonlösung, die durch einen Gummischlauch in meinen Arm hinuntertropfte. Der Chef des Krankenhauses kam zu mir, der wortkarge Arzt, der mich auch schon an Bord des Schiffes untersucht hatte: »Sie haben natürlich nur einen schlimmen, aber keineswegs ungewöhnlichen Asthmaanfall. Das war mir sofort klar, als ich Sie heute morgen gesehen habe, aber ich konnte es natürlich nicht sagen. Sie verstehen sicher, daß es gegen unsere Berufsetikette verstößt, die Entscheidung eines Kollegen in Frage zu ziehen.«

Die Krankenstation war dreimal so lang wie breit, an jeder Längswand standen acht Betten. Die mir gegenüberliegende Wand bestand von der Höhe der oberen Kopfkissenkante bis zu Decke nur aus Fenstern, durch die ich auf eine verglaste Veranda blicken konnte, in der noch ein paar Betten untergebracht waren. Dahinter sah man bis hinaus auf eine breite Bucht. Das Krankenhaus stand hoch an einem Abhang, der so steil war, daß ich nur den oberen Teil der davorliegenden Gebäude ausmachen konnte, zwei elegante Türme, die mit keksfarbenem Putz verblendet waren. Jenseits der Türme und weiter unterhalb lagen in der Bucht verschiedene Schiffe vor Anker, gut geschützt im Schatten langer Wellenbrecher mit Kränen. In der Entfernung sahen die Schiffe zu klein aus, um auch nur brauchbare Spielzeuge zu sein, und die Wellenbrecher, herausragende Ingenieurleistungen, die ein so großes Gewässer umspannten, wirkten nur wie ein paar einsame geometrische Linien, die man ins Wasser gezeichnet hatte. Die andere Seite der Bucht bestand aus Hügeln und niedrigeren Bergen, zu deren Füßen sich das weißliche Durcheinander einer kleinen Stadt an die Küste schmiegte. Das war also Spanien.

Der Chefarzt war zwar Spanier, aber die Routine und Disziplin des Krankenhauses war britisch: Die Oberschwester war Schottin, und von den drei Stationsschwestern waren zwei Engländerinnen und eine Waliserin. Die Krankenschwestern waren kleine, rundliche Mädchen aus Spanien oder Gibraltar, und auch die meisten Patienten stammten von dort: das heißt, es waren zweisprachige Spanier, die auf dem Felsen lebten. Sie waren zumeist von mittlerem Alter und hager. Es war auch ein Zwerg mit Namen Paco darunter, wie von Velázquez gemalt: mit einem ruhigen, glatten, würdevollen Gesicht und leicht belustigtem Mund. Oftmals stellte er sich neben ein Krankenbett, lehnte die verschränkten Arme darauf und sprach mit dem darinliegenden Patienten in ruhigem Spanisch oder legte nur einfach den Kopf auf die verschränkten Arme. Rechts von mir lag Major Mellors, ältlich, hager und hakennasig. Mir gegenüber auf der anderen Seite der Station war Sigurdson untergebracht, ein wortkarger, humorvoller Maat aus Lancashire. Allmählich lernte ich die Namen und Gepflogenheiten all dieser Leute kennen. Die Patienten einer Krankenhausstation beobachten ihre Bettnachbarn sehr genau, vermeiden aber zunächst die Kontaktaufnahme, denn jeder ist zu sehr von seiner eigenen Krankheit in Anspruch genommen, als daß er auch noch die Last auf sich nehmen wollte, mit irgend jemand anderem mitzufühlen.

Während meiner ersten Woche im Krankenhaus bekam ich regelmäßig Besuch von Ian, der sich ein Zimmer in

Gibraltar gemietet hatte, aber nach Spanien aufbrach, sobald er erfuhr, daß ich außer Lebensgefahr war. Er machte sich auf den Weg in das ein paar Stunden küstenaufwärts gelegene Dorf Estepona, denn er hatte Gutes darüber gehört. Er wollte dort eine ordentliche Unterkunft suchen und sich häuslich einrichten. Ich sollte dann zu ihm stoßen, sobald ich aus dem Krankenhaus entlassen war. Ich drängte ihm zwei Pfund auf, um ihn für einen Teil des Geldes zu entschädigen, das er durch die unfreiwillige Verzögerung verloren hatte. Am Tag nach seiner Abreise erschien er zu meiner großen Verwunderung wieder auf der Station. Er saß neben meinem Bett und erklärte mir, daß Spanien ihm überhaupt nicht gefiele.

»Es ist so unhygienisch, Alasdair. Ich bin in Estepona aus dem Bus gestiegen und habe mich aufgemacht, um eine Unterkunft zu finden, aber diese Fliegen! Wo ich auch hinging, ich war von einer Wolke von Fliegen umgeben. Weißt du, das war wirklich lächerlich. Und die Kinder, die hinter mir herrannten und mich anbettelten, die waren genauso schwer loszuwerden. Und alle haben mich angestarrt. Weißt du, die schauen dich nicht aus dem Augenwinkel an oder hinter deinem Rücken, die bleiben mitten auf der Straße stehen und glotzen dich an. Ich habe ein Zimmer gefunden. Die Sanitäreinrichtungen kann ich dir nicht beschreiben. Es gibt gar keine. Ich bin mit einem Typ, den ich im Bus getroffen hatte, einen trinken gegangen. Wir sind in eine Bar und haben an der Theke Wein bestellt. Ehe er ausschenkte, stellte der Barmann zwei kleine Tellerchen vor uns hin, jedes mit einem kleinen, dreckigen Stückchen Fisch drauf. Weißt du, der wollte wirklich, daß wir das essen! Die Theke war furchtbar dreckig – nichts war richtig sauber. Weißt du, draußen vor dem Dorf, da gibt's diese Bauernhöfe mit schönen weißen Wänden, wirklich malerisch. Und wenn du dann näher hingehst, dann siehst du, daß der Boden mit

kleinen Scheißhaufen übersät ist. Die müssen sich einfach da in den Schatten gehockt haben, um abzukacken.«
»Und wie war die Landschaft?« fragte ich.
»Oh, schon ganz pittoresk, wirklich. Ich meine, auf eine ganz seltsame Art schön. Da liegen diese niedrigen bräunlichen Hügel im Abendrot, und obendrüber zieht eine Reihe von Reitern auf Eseln vor einem phantastischen Sonnenuntergang vorüber. Ich meine, vielleicht gewinnt man ja mit der Zeit Geschmack daran. Aber mir ist jetzt klar, daß ich eigentlich nur Schottland malen will. Weißt du, ich habe mein Geld nicht zum Fenster herausgeworfen, wenn das dabei herausgekommen ist. Ich glaube, den Rest Geld, der mir noch geblieben ist, benutze ich dazu, ein bißchen an der Ostküste zu malen, in Fife oder Angus. Und vielleicht mache ich auf dem Rückweg Zwischenstation in Paris.« Ich will nicht behaupten, daß Ian in genau diesen Worten zu mir gesprochen hat, aber er hat in diesem Stil gesprochen und diese Dinge erwähnt. Drei Tage später ging er an Bord eines Schiffes, das ihn nach Frankreich brachte.

Ich war in diesem Krankenhaus nicht unglücklich. Das Personal hielt mir den Schmerz mit Medikamenten und Spritzen vom Leib. Ich wurde umsorgt, bekam zu essen und wurde in Ruhe gelassen, konnte ganz mein eigenes Leben führen. Mein Heimweh schien sich in meinem Erlebnis auf dem Schiff völlig aufgebraucht zu haben. Manchmal trieb mir wie dünner Rauch noch ein leichtes Gefühl durch den Kopf: »Über den Gräbern der Märtyrer rufen die Brachvögel ihr trauriges Lied, mein Herz erinnert sich wohl an ihren Klang.« Aber das war nur noch romantische Nostalgie, nicht zu vergleichen mit dem krankhaften Hunger nach Glasgow und denen, die ich dort kannte. Dieser neue Gleichmut war sicher teilweise auf die Krankenhausroutine zurückzuführen, die mir wohlvertraut war. Aber es gab noch einen anderen Grund.

Ein paar Jahre zuvor hatte ich angefangen, einen tragisch-komischen Roman zu schreiben, an dem ich in Spanien ein wenig weiterarbeiten wollte. In meinem Gepäck befand sich ein »Cantablue Expanding Wallet«, ein handlicher, transportabler Aktenordner in Form eines Akkordeons, der zwei vollständige Kapitel und die Notizhefte und Tagebücher enthielt, aus denen ich den Rest des Romanes schöpfen wollte. Diesen Ordner stellte ich auf das Nachttischchen neben meinem Bett und begann mit der Arbeit. Ich schämte mich dieser Tätigkeit ein wenig, weil sie mir anmaßend und banal vorkam: anmaßend, weil ich wie Scott Fitzgerald glaubte, daß der Roman das gewaltigste und geschmeidigste Medium ist, um Gedanken und Gefühle von einem Menschen zum anderen zu vermitteln, daß folglich ein Romancier über ein tiefes Verständnis großer Gefühlszustände verfügen muß, und weil ich zwar schon dreiundzwanzig Jahre alt war, aber die sinnliche Liebe noch nie erfahren hatte und fürchtete, daß sich das auch nie ändern würde; banal, weil ein, zwei Freunde auch Romane angefangen hatten und alle anderen zumindest daran dachten, einen zu schreiben. Wenn mich also die Krankenschwestern fragten, was ich machte, log ich sie an und erzählte, daß ich an diesem Bericht schriebe. Aber in Wirklichkeit war ich in Glasgow, dem Glasgow meiner Kindheit und Jugend und Studentenzeit, und ich fühlte mich mehr dort zu Hause als während der Zeit, in der ich all diese schmerzlichen Stadien durchlebte, denn nun schwebten meine Gedanken über der Person, die ich einmal gewesen war, jetzt aber in völliger Sicherheit, ohne jede liebevolle Zuneigung, aber mit großer Wißbegierde. Ich fand diese Person unerfreulich und unangenehm, wenn auch komisch, und die Dinge und Menschen, die sie kannte, faszinierten mich. Meine Welt war durcheinander, schäbig und traurig, aber sie hatte auch mindestens ebenso viel Ordnung, Abwechslung, echte Gefühle und Kraft wie die eines jeden anderen. Ich versuchte, in ganz gewöhnlicher, leicht lesbarer Sprache zu schreiben, die die Traurigkeit und Schäbigkeit aufzeigte, aber auch die anderen Dinge (die uns am Leben halten) genauso deutlich vorführte. Während ich daran schrieb, erlebte ich das beste Glücksgefühl, das es gibt, das Glücksgefühl, dessen wir uns gar nicht bewußt sind, bis wir aufhören und uns auf einmal müde fühlen und sehen, daß uns eine Stunde wie eine Minute vergangen ist, und wissen, daß wir unser Bestes gegeben haben, und daß es vielleicht eines Tages einmal jemanden froh macht. Ich bin sicher, daß dieses Glücksgefühl gar nicht selten ist. Ein wenig davon verspürt wohl jeder Mensch, der auf dieser Welt etwas Nützliches herstellt oder bewahrt und nicht nur um des Geldes oder der Karriere willen arbeitet. Ich habe die Vermutung, daß sich dieses Glücksgefühl eher bei geschickten Handwerkern einstellt als in den höheren Einkommensgruppen, die andere Arten der Befriedigung kennen.

Ich lebte aber nicht völlig in meiner Gedankenwelt. Ich blickte oft über die Bucht. Krankenhäuser stellen ihren Asthma-Patienten großzügig Kopfkissen zur Verfügung, und ich konnte die spanische Küste sehen, ohne den Kopf heben zu müssen. An sonnenhellen Nachmittagen rankten sich von weit voneinander entfernten Punkten der Bergflanke ein paar feine lange Wölkchen weißen Wasserdampfes in den Himmel. Vielleicht war es die Erinnerung an alte Märchen, die mich träumen ließ, dieser Rauch müsse aus Köhlerhütten aufsteigen. Ich versuchte, mir vorzustellen, wie ich dorthin wanderte. Das mißlang mir völlig. Gibraltar hat für Mittelmeerverhältnisse ein eher feuchtes Klima, und oft verhängten mir niedrige Wolken die Aussicht. Zwischen mir und Major Mellors bestand eine Verständigung auf der Basis eindeutiger, wenngleich minimaler Kommunikation. Im Laufe des Morgens konnte es zum Beispiel vorkommen, daß ich fragte: »War das in Ordnung, daß ich dem Friseur ein Trinkgeld gegeben habe?«

»Ja. Wieviel haben Sie ihm gegeben?«

»Ninepence.«

»Das war zuviel.«

Am Nachmittag bemerkte er dann vielleicht in nachdenklichem Tonfall: »Wie es wohl meinem Garten gehen mag?«

»Sieht dort jemand nach dem Rechten?«

»O ja, mein Diener Ali.«

»Macht der denn nicht alles richtig?«

»O ja, er kann wunderbar mit Blumen umgehen.«

Aber unsere geselligste Zeit war zwischen der morgendlichen Tasse Tee um halb sechs und dem Frühstück um sieben Uhr, wenn Stationsschwester Price an unserem Ende des Raumes an ihrem Tisch saß. Sie war fröhlich und redselig, und Sigurdson, der Major und ich pflegten in ihren Redeschwall Bemerkungen und Kommentare einzustreuen, die uns allen außerordentlich witzig und humorvoll erschienen. Und doch kann ich mich an absolut nichts erinnern, was gesagt wurde. Die Grundlage für diese Gespräche waren vier sehr verschiedene Menschen, die aneinander Vergnügen finden und einander erfreuen wollten und denen das auch gelang. Den Rest des Tages waren wir auf eine recht ruhige Art freundlich zueinander, auf eine Art, die mir im nachhinein sehr britisch, ja sogar europäisch vorkam, als dann Mr. Sweeney auftauchte.

Er war erster Maat auf einem großen amerikanischen Schiff und wurde in ein leeres Bett neben Sigurdson gelegt. Wäre sein Fleisch fest gewesen, so wäre er ein breit gebauter, zäher Mann mittleren Alters gewesen, aber er hatte Hamsterbacken und Tränensäcke unter den Augen, und wenn er nicht redete, hing sein Mund nach links herunter, als könnten seine Muskeln nur noch den rechten Mundwinkel festhalten. Aber gewöhnlich redete er, denn er konnte nur laut denken. Wir erfuhren, daß er in Amerika eine Frau hatte, die er nicht sonderlich zu mögen schien, und eine Tochter namens Baby, die bei der Frau lebte und die er sehr mochte. »Sie ist nun schon gut Vierzig und zweimal geschieden, aber für mich wird sie immer mein Baby bleiben.«

Er gehörte zur Sekte der Christian Scientists und teilte uns mit, er wäre nur ins Krankenhaus gekommen, weil ihm die Firma, für die er arbeitete, sonst die Rente streichen könnte. Wenn irgend jemand Krankheit oder Tod erwähnte, zuckte er nur die Schultern und sagte: »Was ist schon der Körper? Für ungefähr fünfzig Cents Chemikalien.«

Wenn ihm ein Schweigen zu lange andauerte, dann brach er es oft durch eine wie zufällig gemachte Bemerkung: »Schließlich sind die einzigen echten Wahrheiten die spirituellen.«

Unter seinem Bett befanden sich drei große Kisten, aus denen auf seine Veranlassung die Krankenpfleger zu verschiedenen Zeiten viele elektrische Gerätschaften hervorholten, die alle mit Hygiene und Körperpflege zu tun hatten, sowie Zigarren, Papiertücher, ein Radio, drei Kugelschreiber mit verschiedenfarbigen Minen und einen stählernen Füllfederhalter mit schnelltrocknender Tinte, vor den sich verschieden dicke Federn schrauben ließen. Gespräche führte er nicht. Er rief zwar manchmal einen von uns beim Namen, aber seine laute, gleichförmige Stimme richtete sich eindeutig an unsere Hälfte der Station. Einmal rief er: »Sagen Sie mal, Major! Könnten Sie mir ein kleines Löffelchen Zahnpulver leihen? Morgen gebe ich Ihnen eine ganze Dose zurück.«

»Wie bitte, alter Freund?« fragte der Major zurück, der vielleicht Zeit gewinnen wollte.

»Könnten Sie mir ein kleines Löffelchen Zahnpulver leihen? Und morgen gebe ich Ihnen eine ganze neue Dose dafür zurück. Ich habe eine in der Kiste.«

»Oh, Sie dürfen nicht all Ihre schönen Sachen so einfach weggeben«, erwiderte der Major sanft.

»Major, wenn ich nichts mehr weggebe, dann bin ich lebensmüde. Wenn die Leute dankbar sind, gut und schön, und wenn nicht ...«

Er runzelte die Stirn, sein Mund schlaffte wieder zu einem Ausdruck leicht verwunderter Leere ab, und einige Minuten lang wanderten seine Augen unruhig durch den Raum. Er war auf der Suche nach einem Thema, über das er nachdenken konnte. Schließlich konzentrierten sich seine Augen auf einen Punkt etwas unterhalb des Tisches, an dem die Stationsschwester ihre Berichte schrieb. »Sagen Sie mal!« rief er aus, und seine Miene erhellte sich. »Das ist ja wohl der traurigste Papierkorb, den ich je gesehen habe! Völlig verdreht und schief, und neu gestrichen gehört er auch wieder einmal ...« Dann fiel ihm wieder nichts mehr ein, und schließlich murmelte er, daß eben die einzigen echten Wahrheiten die spirituellen wären.

Sweeney faszinierte uns. Ganz anders als wir stellte er sich ständig zur Schau. Bei unserer ersten Begegnung hatten uns unsere Akzente klar mitgeteilt, daß Sigurdson ein Seemann aus Lancashire war, der Major ein englischer Armeeoffizier und ich ein belesener Schotte aus dem Tiefland. Die humorvollen kleinen Wortgeplänkel vor dem Frühstück hatten uns dies bestätigt, ohne daß zusätzliche Detailinformation notwendig gewesen wäre. Ich wußte, daß der Major die Hausarmee irgendeines marokkanischen oder algerischen Regenten befehligt hatte, aber ich hatte es nicht aus seinem Munde gehört. Er mußte bemerkt haben, daß ich an etwas schrieb, was weit umfangreicher war als dieser Bericht, aber meine Verschwiegenheit störte ihn nicht. Mr. Sweeney dagegen lieferte uns innerhalb einer halben Minute seine gesamte Kindheit.

»Die ersten zwölf Jahre meines Lebens wuchs ich bei meiner Mutter auf, und, Mannomann, da hätten Sie mich sehen sollen! Blauer Samtanzug. Seidenhemd und Krawatte. Locken bis zur Schulter. Sie hatte mich beinahe schon in ein kleines Mädchen verwandelt, da kam mein Pa und nahm mich mit auf See. Meine Mutter wollte das nicht, ich wollte das nicht, aber er sagte: ›Du wirst dir die Augen ausheulen, aber eines schönen Tages bist du mir dankbar.‹ Und ich habe geheult, habe mich bestimmt sechs ganze Monate jeden Abend in den Schlaf geheult. Aber nach einem Jahr war ich ein zäher Kerl, ein ganzer Mann geworden, und ich war ihm dankbar.«

Auch vom Sex war er in keiner Weise peinlich berührt. Eines Tages fragte ihn der Major, was er von den Japanern hielte.

»Ich mag sie. Als ganze Nation gesehen ein Haufen Stinktiere, aber einzeln für sich mag ich sie. Ich erinnere mich noch, wie mein Schiff sechsunddreißig in Yokohama einlief. Der Bürgermeister hatte ein paar von uns zu sich nach Hause eingeladen. Ich mag japanische Häuser. Sie sind so sauber. Keine Möbel: man sitzt auf Matten auf dem Boden. Und nichts dergleichen ...« Er zeigte auf die Abstellfläche seines Nachtkästchens, die mit vielen mehr oder weniger nützlichen Gegenständen übersät war ... »All das Zeug wird in einer schlichten Kiste in einer Zimmerecke aufbewahrt. Und sie haben auch nicht viel Nippes. Der Raum ist um einen Mandelbaum herum gebaut, der aus einem Loch im Boden wächst und bis durch die Decke geht, und der Stamm und die Äste im Zimmer sind mit so einer durchsichtigen Schicht überzogen ... keine Beize, aber so ähnlich ...«

»Lack?« schlug ich vor.

»Ja. Die sind gelackt. Na ja, für uns war nichts gut genug. Sie merkten bald, daß wir ihre Drinks nicht mochten, also haben sie, ohne auch nur zu fragen, Whisky holen lassen. Und als ich dann zu Bett ging, war sie da. In einem Kimono. Über fünfzig Meter Seide in diesen Kimonos. Bis sie sich endlich ausgewickelt hatte, war mir schon fast der Mut geschwunden.«

Eines Tages wurde im Rundfunk gemeldet, daß Präsident Eisenhower erkrankt war: Ein kleines Blutgefäß in seinem Hirn war geplatzt, seine Sprechfähigkeit war gemindert, und er war bettlägerig. Sweeney hörte dies mit ungewöhnlichem Ernst. Er sagte: »Er ist zweiundsechzig. Mein Alter«, und war lange still.

»Schließlich«, fügte er plötzlich hinzu, »ist er ein alter Mann. Was kann man da anders erwarten?«

Er klagte über Kopfschmerzen. Die diensthabende Krankenschwester sagte ihm, das würde sich geben. »Aber was ist die Ursache?« fragte er. »Das möchte ich wissen. Was ist die Ursache?«

Er verlangte nach der Stationsschwester, dann nach der Oberschwester, die ihm beide sagten, eine Codein-Tablette würde den Schmerz beheben. »Ich nehme keine Beruhigungsmittel!« schrie er. »Ihr stellt mich hier nicht mit euren Beruhigungsmitteln ruhig!«

Und dann wühlte er sich ganz leise für mehr als eine Stunde unter seine Bettdecke. »Schließlich«, brachte er dann plötzlich vor, »ist er alt. Er ist nicht unentbehrlich, auch wenn er der Präsident ist. Eines Tages wird man ihn ersetzen, genau wie uns alle.«

Es war klar, er wollte nur davon überzeugt werden, daß das, was er gesagt hatte, nicht wahr wäre. Der Major und ich warfen uns verstohlene Blicke zu und grinsten hocherfreut, aber wir waren dann doch froh, als Eisenhower sich so weit erholte, daß er eine Rede halten konnte, und auch Mr.

Sweeney sich wieder besser fühlte. Selbstbewußt war er entschieden unterhaltsamer.

Der Stiftungsrat fragt sich vielleicht, warum ich so viele Worte darauf verwendet habe, diesen Mann zu beschreiben. Ich mache das aus den gleichen Gründen, die mich bewogen hätten, Toledo zu beschreiben, wenn ich Toledo je erreicht hätte. Er zeigte ein Leben, das ein geschlossenes Ganzes war. Ich bewunderte seine Sprache: knapp, schnell und voller konkreter Einzelheiten. Mir wurde klar, daß dies Teil seiner nationalen Kultur war, und ich fand eine weniger reine Form davon auch in einer amerikanischen Zeitschrift, die er jede Woche mit großem Ernst las. »Hier drin stehen nur Fakten«, erklärte er. »Die drucken nichts als die nackten Fakten. Andere Zeitschriften drucken Meinungen. Diese hier nicht.«

Ich lieh sie mir aus und las einen Bericht über den Parteitag der britischen Labour Party. Einer der Parteiführer hatte versucht, die Partei davon zu überzeugen, daß man nicht Teile von Großbritannien als Stützpunkte für Atomwaffen an die USA verpachten sollte. Unter einem Foto, auf dem er sehr streitbar aussah, standen die Worte: »Amerika-Hasser Nummer Eins, Volksverhetzer Aneurin Bevan.«

Aber ich bewunderte Mr. Sweeney auch ganz unabhängig von seinem nationalen Stil. Mit Energie, Geschick und völlig ohne jegliche, wie ich es für mich formulierte, intellektuellen Reserven (gut entwickelte Phantasie, feine analytische Unterscheidungsfähigkeit, Belesenheit) hatte er in zwei Weltkriegen und im Koreakrieg Schiffe und Mannschaften geführt. Er hatte gearbeitet und Spaß gehabt und sich viele Schrammen geholt im Kampf mit den robusten Massen und breiten Schluchten der Welt, denen ich nie würde die Stirn bieten können. Jetzt, da ihn sein Körper im Stich ließ, machte ihm der Tod zu schaffen, aber seit seinem zwölften Lebensjahr hatte ihn das Leben niemals in Verlegenheit gebracht. Und indem er seinen Kampf mit der Todesangst offen und lautstark austrug, machte er ihn zu einer öffentlichen Komödie anstelle eines privaten Horrors. An Bord der »Kenya Castle«, als ich Todesängste ausstand, hat meine Furcht niemandem auch nur das geringste gebracht.

Natürlich mußte ich schließlich doch der Welt die Stirn bieten. Nur ein endloser Geldvorrat könnte uns das ersparen, und meiner war langsam aufgebraucht. Jeder Tag im Krankenhaus kostete zweiundzwanzig Schillinge, und ich war nun schon über drei Wochen hier. Wenn ich dazu den Fahrpreis nach London addierte, die Kosten meines dortigen Aufenthaltes, den Preis für die Schiffskarte nach Gibraltar, die Krankenkosten an Bord, den Preis für die Fahrt mit dem Krankenwagen, die Röntgenaufnahmen wegen Tuberkuloseverdacht und die kleine Summe, die ich Ian aufgedrängt hatte, dann mußte ich feststellen, daß ich mehr als die Hälfte des Stipendiengeldes ausgegeben hatte oder jemandem schuldete. Ich erinnerte mich auch daran, daß ich mich noch nie bei der Entlassung aus dem Krankenhaus vollkommen gesund gefühlt hatte. Es war gut möglich, daß irgendwas in der Natur der Krankenhäuser mein Asthma geradezu hätschelte, nachdem die schlimmsten Anfälle gelindert waren. Ich bat darum, den Chefarzt zu sehen, und erklärte ihm, daß ich aus finanziellen Gründen am nächsten Morgen gehen müßte. Er zuckte nur mit den Schultern und meinte: »Da kann man nichts machen.« Er gab mir jedoch den Rat, Gibraltar nicht zu verlassen, bevor ich mich gesünder fühlte. Und auch dann sollte ich mich nicht sehr weit nach Spanien hineinwagen, da dort die Krankenhauskosten bei einem erneuten Anfall unerschwinglich wären, ganz besonders für Touristen; außerdem sei der medizinische Standard nicht sehr hoch. Dies schien mir ein vernünftiger Ratschlag zu sein. Ich bat die Krankenschwestern, mir den Namen einer Unterkunft zu nennen, die preiswert, gut und sauber war. Ich erfuhr, daß es in der Südbastion eine Art Ferienheim für Soldaten gab, das von einem pensionierten schottischen Soldaten geführt wurde und problemlos zu erreichen war. Am nächsten Morgen zog ich mich an, holte meinen Rucksack, überquerte die Schwelle des Krankenhauses und betrat zum erstenmal seit dem Londoner Hafen wieder den Erdboden.

Ich befand mich auf einer Straße, die von der Stadt Gibraltar auf die äußerste Spitze des Felsens hinaufführte. Es muß ein klarer Tag gewesen sein, denn über das Meer hinweg erspähte ich im Süden die afrikanische Küste, die genauso aussah, wie Afrika aussehen sollte: eine dunkle Linie aus eng zusammengedrängten Felsnadeln, Kuppeln und Türmchen und dahinter, sobald sich das Auge an die Entfernung gewöhnt hatte, die schneebedeckten Gebirgszüge des Atlas, die den Himmel stützten. Das moderne Krankenhaus hinter mir und das elegant betürmte Gebäude vor mir (eine Irrenanstalt) waren auf einem großen, stark abfallenden weißen Kalkfelsen errichtet, über den kleine, verwachsene Bäume gesprenkelt waren. Ich wandte mich nach rechts und wanderte in die Stadt, atmete mit Leichtigkeit, weil es bergab ging. Ich kam zu einer Mauer mit einem Torbogen, der gerade breit genug war, um zwei Autos durchzulassen. Dahinter setzte sich die Straße als Hauptstraße von Gibraltar fort. Eine kleine Gasse, die links abzweigte, brachte mich beinahe direkt zur Südbastion.

Die Bastion war eine aus Stein aufgemauerte Klippe, die die Stadt vor dem Meer schützte. Die der Stadt zugewandte Seite war mit Gewölbekammern durchzogen. Die weiter unten gelegenen Kammern waren einmal Kasernen gewesen, und man konnte sie über einen kleinen Platz erreichen; die oberen Kammern waren die Munitionslager und

Geschützstellungen gewesen, und man betrat sie über eine Balustrade. Alle Fenster gingen zur Stadt. Früher einmal war die Flut gegen eine Seite der Bastion gebrandet, aber jetzt verlief hier eine breite Straße, und dahinter lagen die Docks. Die Gewehre und Schützen hatte man schon vor langer Zeit an einen anderen Ort verlegt, und die Gewölbekammern wurden nun vom Toc H als Gästehaus genutzt. Das Toc H (ich habe nie herausgefunden, woher dieser Name kommt) war im Ersten Weltkrieg in Frankreich unter den britischen Soldaten entstanden, die es zwar nach einer geistlichen Gemeinschaft verlangte, aber die offiziellen Militärgeistlichen zu konfessionsgebunden fanden und sie auch oft vergeblich suchten, wenn es wirklich hart auf hart ging. Der einzige Gottesdienst dieser Gemeinschaft bestand darin, an einem dunklen Ort eine Öllampe aus Messing zu entzünden und zu beten, daß all das menschliche Leid eines Tages einmal Glück und Frieden hervorbringen würde. Zudem bestand diese Organisation noch, um überschüssige Lebensmittel, Kleidung und Unterstände mit jedem Bedürftigen zu teilen. Der Toc H-Mann in der Südbastion war Jock Brown, der in der Highland Light Infantry in Flandern gedient hatte. Er war ein kleiner Mann mittleren Alters mit schütterem Haar. Er trug einen Blazer mit einem weißen Kreuzabzeichen auf der Brusttasche und graue Flanellhosen mit Fahrradklammern am Knöchel. All sein Streben war darauf gerichtet, mildtätig und hilfreich zu sein. Er glaubte, daß die Jugend ein wunderschöner und edler Zustand war, zeigte sich aber in keiner Weise überrascht, wenn junge Soldaten sich prügelten, stahlen oder sich Geschlechtskrankheiten zuzogen. Er lieh ihnen bereitwilligst Kameras, Bücher und Schallplatten, in der Hoffnung, daß sie irgendwann einmal daran mehr Freude als an anderen Vergnügungen gewinnen würden. Unter Mithilfe Isabels, des spanischen Hausmädchens, hielt er die Herberge ordentlich und sauber; die Mahlzeiten waren einfach, aber gut, die Atmosphäre war so mild und freundlich wie er selbst. Ich hörte einmal, wie ihn jemand, der den Ausdruck wohl für eine Beleidigung hielt, »ein altes Weib« schalt. Der Kritiker war ein Mann in Jocks Alter, der kaum einem Menschen großen Nutzen gebracht hatte und daher gerne glauben wollte, daß ganz alltägliche Güte und Freundlichkeit völlig unwesentliche Tugenden waren.

An jenem ersten Morgen führte mich Jock über eine Rampe hinauf zur Balustrade und von dort in den Gemeinschaftsraum, eine ehemalige Geschützstellung mit dreieckigem Grundriß. Im Eck gegenüber der Tür war ein Kamin eingebaut; der Rauch entwich durch das Loch, durch das man früher die Granaten gefeuert hatte. Die Steinmauer im Inneren war massiv und rauh behauen, bis auf etwa zwei Meter glatter Wand zu beiden Seiten des Kamins. Später habe ich dort die Wand zur Zierde bemalt. Jock zeigte mir den Weg in einen angrenzenden Schlafraum, in dem vier Betten standen, und stellte mich den Zimmergenossen vor, die noch nicht aufgestanden waren. Es waren ein Gefreiter auf Urlaub von einem Royal Surrey Regiment, außerdem ein Australier und ein Deutscher, die beide am nächsten Morgen mit dem Schiff abfahren wollten. Ich packte meine Sachen aus und verstaute sie in einem Spind neben meinem Bett. Dann ging ich zu einer Bank in der Stadt, um die zweite Hälfte meines Bellahouston-Stipendiengeldes abzuheben; die erste hatte man mir bereits in Glasgow ausgehändigt. Ich stopfte mir ein paar Pfund in die Hosentasche, den Rest versteckte ich in dem Plastiketui mit meinem Rasierzeug.

Ich beschloß in jener Nacht, mich zu betrinken, um mir festen Schlaf in einem ungewohnten Bett zu verschaffen. Ich fand in der Nähe auch eine große, überfüllte Bar, in der ich nicht weiter auffallen würde. Die Kundschaft bestand zum größten Teil aus Soldaten und Matrosen, aber es waren auch ein paar Frauen darunter. Eine kleine Mollige kam auf mich zu und fragte, ob ich gerne eine compañera hätte? Ich sagte, ja, ich hätte gern eine. Sie setzte sich neben mich, rief einen Kellner herbei und bestellte ein Glas mit einer blaßgrünen Flüssigkeit, für das ich bezahlte. Sie war Spanierin, und ihr Englisch war zu schlecht, um mir nähere Einzelheiten mitzuteilen. Sie versuchte, mich dadurch zu unterhalten, daß sie ein Taschentuch in die Form von pantalones, wie sie sie nannte, faltete und dann den Hosenschlitz aufmachte, aber das fand ich nicht besonders aufregend. Ich hatte auch nicht das Gefühl, daß sie mich zu verführen wünschte. Mit jedem grünen Getränk, das ich ihr kaufte, händigte ihr der Kellner eine kleine Messingscheibe aus. Als sie zur Toilette gegangen war, probierte ich, was in ihrem Glas war, und mußte feststellen, daß es sich um gefärbtes Wasser handelte. Ich wies den Kellner an, das Glas stattdessen mit grünem Chartreuse zu füllen, aber als sie zurückkam und daran nippte, wurde sie nachdenklich und betrübt und ging dann fort. Offensichtlich zahlte ihr die Geschäftsleitung für die echten Getränke, die ich erwarb, keine Provision. So trank ich also allein weiter und hörte mir eine kleine, sehr laute Band an. Sie spielte eine Reihe von Melodien, die bei so vielen Gästen wie möglich nostalgische Gefühle wecken sollte: »Maybe it's Because I'm a Londoner«, »Men of Harlech«, »Galway Bay« und so weiter. Die schottische Nummer »I Belong to Glasgow« wurde etwa alle zehn Minuten wiederholt. Normalerweise mag ich diese Melodie nicht, aber an diesem Ort weckte sie in mir ein Gefühl, das so herzzerreißend war, daß ich mich mit ihm wie mit einer Krankheit herumschlagen mußte. Aber ich trank immer weiter, bis ich sicher war, daß mein Kopf in dem Augenblick das Bewußtsein verlieren würde, in dem er das Kopfkissen berührte. Ich kehrte zum Schlafraum zurück (der im Dunklen lag), zog mich aus, verstaute das Rasierzeug unter dem Kopfkissen, legte meinen Kopf darauf und verlor tatsächlich das Bewußtsein.

Ich wachte am nächsten Morgen auf und fühlte mich fröhlicher und gesünder, als ich das viele Wochen getan hatte. Ich fühlte mich auch schuldig (die Strohmatte neben meinem Bett war mit Erbrochenem verkrustet), aber ich wußte, daß ein Tag mit eifrigem Zeichnen oder Schreiben mich sofort kurieren würde. Der englische Gefreite lag noch unter seinen Decken zusammengerollt, der Australier und der Deutsche waren schon aufgebrochen, um ihr Schiff zu erreichen. Ich trug meine Waschsachen und die Strohmatte auf die Toilette und wusch die Matte und mich völlig sauber. Dann zog ich mich an und frühstückte, kletterte über eine eiserne Leiter auf die Esplanade oben auf der Bastion und setzte mich im Schatten auf eine Bank, um zu planen, was ich tun wollte. Ich schuldete dem Krankenhaus noch Geld. Ich nahm mein Bündel Geldnoten aus dem Rasierzeug und mußte feststellen, daß es nur noch zwanzig Pfund enthielt. Den Rest hatte jemand entfernt.

Meine instinktive Reaktion auf schmerzliche Erfahrungen ist, sehr lange sehr ruhig dazusitzen, und während ich mich in finsteren Gedanken über meine Lage erging, kam mir die Erkenntnis, daß dies wahrscheinlich eine sehr vernünftige Handlungsweise ist. Der Dieb mußte eine von drei Personen sein, von denen zwei sich bereits auf hoher See befanden. Falls es mir gelingen sollte, die Polizei dazu zu überreden, für mich tätig zu werden, was unwahrscheinlich war, so konnten die nichts machen, als mein ungutes Gefühl, das ich wohl besser für mich behalten sollte, auch auf andere auszudehnen. Der Dieb hatte mir genug Geld übriggelassen, um eine Weile weiterzuleben. Obwohl mein Vater nicht reich war, hatte er doch etwas Geld auf der Bank. Ich schrieb ihm einen Brief, in dem ich alle Umstände erklärte, außer meiner Trunkenheit, und um eine Anleihe bat, die der gestohlenen Summe entsprach, mit dem Versprechen, sie zurückzuzahlen, indem ich nach meiner Rückkehr eine feste Stelle annahm. Er schickte mir das Geld mit der Post, so schnell er konnte. Mein Asthma kehrte zurück. Es wurde schlimmer und wieder besser, schlimmer und wieder besser. Ich blieb über meinen vierundzwanzigsten Geburtstag und über Neujahr 1958 in der Herberge, und danach weitere zwei Monate. Ich schrieb fünf Kapitel meines Buches und malte einen »Triumph des Neptun« auf die Wände des Aufenthaltsraumes.

Ich freundete mich auch mit einigen Entwurzelten an, die sich oft in der Herberge aufhielten. Da war der Student aus den Midlands, der Großbritannien verlassen hatte, um nicht zum Militär eingezogen zu werden, und der nun vom Kleinschmuggel zu leben schien. Da war der große, gebückt gehende, anscheinend lungenkranke Mann, auch aus den Midlands, der sich aus Gesundheitsgründen in der Mittelmeergegend herumtrieb. Da war der Amerikaner mittleren Alters mit den Rückenproblemen, dem man die Einreise nach England verweigert hatte, wo er einen Osteopathen konsultieren wollte, von dem er große Dinge gehört hatte. Immer wieder diskutierte er die Gründe für seine Abweisung und fragte sich, ob eine kleine Fälschung des Datumsstempels in seinem Paß ihm wohl die Einreise bei einem erneuten Versuch erleichtern würde. Und dann war da Cyril Hume, ein arbeitsloser Leichtmatrose mit dem Photo seiner fröhlichen, attraktiv aussehenden Frau in Portsmouth, die »einsah, daß er einfach noch ein bißchen herumwandern mußte«. Ich glaube, es war Cyril Hume, der herausgefunden hatte, daß ein Schiff von einem Hafen an der nahen afrikanischen Küste zu den Kanarischen Inseln fahren würde. Anscheinend war der Fahrpreis gering und die Lebenskosten auf den Kanaren noch niedriger als in

Spanien. Zu jener Zeit besserte sich gerade mein Gesundheitszustand wieder einmal, und so beschlossen wir, alle zusammen zu fahren. Wir nahmen die Fähre über die Bucht nach Algeciras in Spanien, dann eine weitere Fähre von Algeciras nach Afrika. Die Sonne schien hell strahlend, und es wehte ein starker Wind, die Wellen eilten mit glitzernden Schaumkronen schnell dahin. Die wirre Felsenküste Afrikas und eine steile Landzunge mit einer mittelalterlichen Festung wirkten wie Theaterkulissen, aber doch überzeugend. Cyril Hume hatte Käse, Sellerie und Brot für uns eingekauft. Während ich am Bug des Bootes stand, wurde mir plötzlich klar, daß Käse, Sellerie und genau dieses kalkweiße Brot das beste Mittagessen waren, das ich je gegessen hatte. Ich war ein wenig außer Atem geraten und benutzte meine kleine medizinische Handpumpe und inhalierte. Die uns umgebende Menschenmenge wandte sich mir zu und beobachtete mich mit jenem direkten, offenen Interesse, das Ian McCulloch als so störend empfunden hatte. Ich genoß es. Mir gefiel es, daß ich ein Fremder war, der Interesse erregte, ohne es auch nur im geringsten darauf anzulegen.

Der Hafen, den wir anliefen, war Ceuta, in spanischem Besitz. Er sah genauso aus wie Algeciras: weißwandige Gebäude und Straßen, die von Orangenbäumen gesäumt waren, zwischen deren Blättern wirkliche, echte Früchte hingen. Das Schiff, das wir nehmen wollten, war schon am Vortag zu den Kanaren ausgelaufen, also kehrten wir nach Algeciras zurück und nahmen uns dort ein Zimmer. Am nächsten Morgen beschloß ich, nachdem ich schlecht geschlafen hatte, einfach im Bett zu bleiben. Als meine Freunde weggegangen waren, kam ein Hausmädchen ins Zimmer und begann, die anderen Betten zu machen. Sie schüttelte die Federbetten und Matratzen auf. Ich bin allergisch auf Federn und bekam einen Erstickungsanfall. Ich rief ihr etwas zu, aber ich konnte kein Spanisch und sie kein Englisch. Ich skizzierte also hastig eine Feder in mein Notizbuch, sagte ihr, ich wäre »mal« – und hoffte, daß der lateinische Stamm für »böse« Teil auch ihrer Sprache war. Sie lächelte und wiederholte dieses Wort mit dem Anschein völligen Verständnisses, und als ich mich dann erleichtert in die Kissen zurückfallen ließ, kehrte sie zu ihrer Arbeit zurück und schüttelte erneut mit großer Energie die Betten auf. Ich griff nach meiner Injektionsnadel, um mir eine große Adrenalinspritze zu geben, aber meine Hand zitterte, und die Nadel brach mir im Fleisch ab. Das Hausmädchen und ich gerieten in Panik. Sie schrie, und viele Frauen kamen herbeigerannt und umringten mich laut zeternd, während ich pißte, schiß und dann in Ohnmacht fiel.

Ich erwachte in einem von dunkel gewandeten und weiß behaubten Bräuten Christi geführten Krankenhaus. Ein Arzt erschien, gab mir Pillen von einer Sorte, die man in jeder Apotheke für billiges Geld kaufen kann, und berechnete sie mir teuer. Meine Freunde kamen, befreiten mich aus dem Krankenhaus und begleiteten mich über die Bucht zurück nach Gibraltar und in die Toc H-Herberge, wo ich eine geschlagene Woche im Bett verbrachte. Jetzt hatte ich nur noch etwas mehr als zehn Pfund von meinem Geld übrig. Gerade genug für eine billige Passage nach London.

Eines Tage kam Jock Brown zu mir und meinte, daß er mir, wenn ich ihm meinen Paß gäbe, ein Ticket für ein Flugzeug besorgen könnte, das noch am gleichen Abend nach London abging. Das Ticket kostete dreißig Pfund. Jock bot mir nicht an, mir das Geld zu leihen. Er nahm meinen Paß, kam mit dem Ticket zurück und half mir zum Flugplatz. Ich überflog Spanien in der zweifachen Höhe des Everest. Es sah braun aus und flach wie eine Landkarte. Die einzige erinnernswerte Eigenheit war der weiße Kreis der Stierkampfarena mitten in jeder Stadt. In London war es neblig. Ich begab mich in die Universitätsklinik und bekam dort eine Adrenalinspritze, die mir helfen sollte, den Nachtzug nach Glasgow zu erreichen. In der Central Station in Glasgow stieg ich in ein Taxi zum Royal Infirmary Krankenhaus, wo man mir Medikamente verabreichte und von wo man mich in einem Krankenwagen nach Hause verfrachtete. Der Morgen war frühlingshaft frisch, aber ich verspürte keinerlei Freude über meine Heimkehr. Glasgow war genau, wie ich es erwartet hatte.

Und nun, zusammenfassend, wozu war also diese Reise gut? Was hat sie mich gelehrt? Nicht viel über die Welt, aber sehr viel über mich selbst. Mir ist jetzt klar, daß ich Angst habe, mich zu verändern. Wir ändern uns natürlich andauernd. Vom Augenblick unserer Geburt an beginnen wir jene Veränderung und Anpassung, die »Wachstum« genannt wird. Wachstum ist im allgemeinen eine allmähliche und vorhersehbare Sache. Unsere Umgebung verändert sich gewöhnlich nicht sehr, und wir auch nicht. Aber manchmal verändert sie sich radikal und sehr schnell. Es wird ein Krieg erklärt, und plötzlich verstecken wir uns mit unseren Nachbarn in einem düsteren Bunker, und draußen sind seltsame Geräusche zu hören. Man verleiht uns ein Stipendium, und wir reisen im Bauch eines Luxusdampfers in ein fremdes Land. Solche Ereignisse hätten einen anderen Menschen aus mir machen sollen. Aber ich hatte Angst, die Gewohnheiten abzulegen, an denen ich mich erkannte, und zog mich also ins Asthma zurück. Meine gesamte Reise war ein einziger krampfhafter Versuch, der Reife zu entgehen, die man aus neuen Erfahrungen gewinnt. Und doch ist dieser Versuch trotz des Schutzwalles aus Ärzten, hinter dem die Reise endete, fehlgeschlagen. Wir können die Reife tapfer auf uns nehmen oder in Panik verfallen und uns mit Händen und Füßen dagegen wehren, aber am Ende wird uns doch Reife in irgendeiner Form auferlegt. Ehe ich ins Ausland ging, hatte ich den Gedanken, einmal Kindern Kunstunterricht zu geben, entsetzlich gefunden. Jetzt mache ich das schon beinahe fünf Monate, und verglichen mit Erstickungsanfällen in einer spanischen Estancia ist es eine beinahe schmerzfreie Tätigkeit. Bald habe ich Jock Brown das Geld zurückgezahlt, das ich ihm schulde, und kann dann die Schulden bei meinem Vater begleichen.

Außerdem habe ich seit meiner Rückkehr keine schlimmen Asthma-Anfälle mehr gehabt, und ich lebe auch nicht mehr in Furcht und Schrecken davor. Also hat mir das Bellahouston-Reisestipendium doch gutgetan.

April 1959
11 Findhorn Street
Riddrie
Glasgow C3

POSTSCRIPTUM

Da ich diesem Bericht Photographien meines »Triumph des Neptun« beiheften wollte, schrieb ich an Jock Brown und bat ihn, welche anzufertigen und mir zuzuschicken. Er antwortete mir, das sei unmöglich. Bald nach meiner Abreise stattete die Frau des Gouverneurs von Gibraltar der Herberge einen Besuch ab. Sie fand, daß die nackten Meerjungfrauen und Najaden im Aufenthaltsraum einen schlechten Einfluß auf die Soldaten hätten, die dort abstiegen. Folglich bat ihr Gatte Jock, sie zu übermalen. Jock, dem mein Wandgemälde gefiel, schrieb an den Kriegsminister, Mr. Jack Profumo, und fragte dort an, ob er der Bitte des Gouverneurs nachkommen müßte. Mr. Profumo antwortete, daß »der Mann vor Ort das am besten beurteilen« könnte, womit er nicht etwa Jock Brown meinte, sondern die Gouverneursgattin. Also überdeckte Jock mit Wut im Herzen meine Meerjungfrauen mit einer Schicht khakifarbenen Lacks. Es ist schön, sich vorzustellen, daß eine etwas freier denkende Zeit sie vielleicht später einmal wieder freilegen wird. Aber die Stadt Gibraltar braucht Raum zur Erweiterung, und in ein, zwei Jahren wird man die Südbastion sicher schleifen.

Die Antwort

Eines Nachts betrat in einem Vorort einer Industriestadt ein junger Mann eine Telefonzelle. Er warf Münzen in den Schlitz, hob den Hörer ab, wählte und wartete einen Augenblick. Wenig später hörte er die Stimme eines Mädchens »Hallo?« sagen.
»Hallo, Joan!«
Keine Antwort. Er sagte: »Hier ist Donald.«
Schweigen.
»Donald Purdie.«
Schweigen.
»Wie geht's dir, Joan?«
Schweigen. Er runzelte die Stirn und sagte: »Ich bin gerade vom Loch Lomond zurück – ich war mit den McEwans im Boot unterwegs. Sie lassen dich schön grüßen.«
Schweigen.
»Hör mal, Joan, stimmt was nicht ...
Geht's dir gut, Joan? ...
Soll das ein Witz sein, Joan? ...
Wenn du nicht mit mir reden willst, dann leg doch auf.«
Nach einer Weile hörte er leise Bewegungen, dann wieder Schweigen.
Er hängte den Hörer auf. Er stand da, sein Herz klopfte laut, und er spürte ein Drücken in der Brust und fragte sich, was er nun tun sollte. Er war zu verstört, um nach Hause ins Bett zu gehen. Es würde ihm sicher schwerfallen, die nächsten paar Tage durchzustehen, ohne zu wissen, was hier los

war. Schließlich verließ er Zelle und ging einige Straßen weiter zu einer Kreuzung. An einer Ecke stand ein Taxi. Er stieg ein und nannte dem Fahrer eine Adresse auf der anderen Seite der Stadt. Er saß aufgeregt und deprimiert auf der vordersten Sitzkante. Manchmal übermächtigten ihn seine Gefühle so sehr, daß er tief Luft holen mußte, um sie wieder zu besänftigen. Manchmal starrte er aus dem Fenster. Das Taxi fuhr an hohen Mietshäusern vorbei, dann an den größeren Bürohäusern der Stadtmitte, und es erreichte nach zwanzig Minuten ein Viertel mit Bungalows, Wiesen und Tankstellen. Es hielt vor einem Bungalow, der etwas erhöht in einem Garten lag. Donald bat den Fahrer zu warten und stieg aus. Der Weg zur Tür hinauf war mit Granitsplit bestreut, und er lief übers Gras, um kein Geräusch zu machen. Das einzige Licht im Bungalow fiel aus einem Seitenfenster, dem Küchenfenster. Joan blieb oft lange auf und las in der Küche. Er trat zu dem erleuchteten gelben Rechteck hin, klopfte mit dem Knöchel an die Scheibe und rief: »Joan! Ich bin's, Donald! Joan!« Einen Augenblick später ging das Licht aus.

Er ging mit schweren Schritten über den knirschenden Granit zur Vordertür zurück und läutete, wartete zehn Sekunden, läutete wieder und immer wieder. Hinter dem dicken geriffelten Glas der Tür leuchtete ein Licht auf. Eine junge Frau öffnete und blickte ihn mit einem einladenden Lächeln an. Sie trug einen Morgenrock und Hausschuhe, ihr üppiges braunes Haar hing ihr lose auf den Rücken, ihre Augenbrauen waren voll und schwarz, der Mund groß und lachfreudig, das Kinn fliehend. Sie hielt sich den Morgenrock am Hals mit ihrer großen, fein geformten Hand zu und sagte erfreut: »Donald!«

»Hallo, Joan!«

»Ich habe mir gerade die Haare gewaschen.«

Er blickte ihr aufmerksam ins Gesicht. Sie lächelte ein

bißchen weniger breit. Er erwiderte: »Na hör mal, Joan, ich habe dich ungefähr um elf angerufen. Du bist ans Telefon gegangen, wolltest aber nicht mit mir sprechen. Ich bin hergekommen, um herauszufinden, warum.«

Joan blickte besorgt und meinte: »Komm mal kurz rein.« Er folgte ihr in eine schmale Diele und machte die Tür hinter sich zu. Sie fragte: »Du hast um elf angerufen?«

»Ja, und du bist drangegangen.«

»Aber, Donald, ich bin doch erst um Viertel nach elf nach Hause gekommen. Ich war den ganzen Tag auf dem Bauernhof. Du mußt mit jemand anders gesprochen haben.«

»Nein. Du hast ›Hallo‹ gesagt.«

»Dann hast du dich verwählt.«

»Nein. Du hast ›Hallo‹ gesagt. Und ich habe weitergeredet, und du hast nichts geantwortet. Ich habe lange hingehört. Du mußt den Hörer hingelegt haben und weggegangen sein ...«

Er blickte auf das Telefon, das neben ihm in der Diele auf einem Tischchen stand. Der Hörer lag nicht auf der Gabel, sondern auf einem Telefonbuch. Sie sagte hastig: »Gleich als ich nach Hause gekommen war, habe ich den Hörer abgenommen, falls eine von Mutters langweiligen Freundinnen anruft.«

Donald erwiderte schwerfällig: »Das glaube ich dir nicht.«

Er legte ihr die Arme um die Schultern und lächelte traurig auf ihr Gesicht herab. Sie lächelte zurück, legte ihm die Hände flach auf die Brust und hinderte ihn mit dieser Geste, sie an sich zu ziehen. Er fragte: »Warum haben wir uns in letzter Zeit so selten gesehen?«

»Es tut mir leid, Donald. Aber das Wetter war so schön – ich habe bei meinen Freunden auf dem Hof gearbeitet. Ich habe mich dort so wohl gefühlt, daß ich einfach keine Zeit für irgend etwas anderes mehr hatte.«

Donald ließ die Arme sinken und starrte sie an. Einen

Augenblick später sagte sie verlegen: »Komm kurz mit in die Küche.«

Die Küche war klein und gemütlich, hatte einen weiß gefliesten Kamin, in dem ein elektrischer Heizofen glühte, davor einen Kaminvorleger. Ein aufgeschlagenes Buch lag auf dem Teppich, als hätte jemand dort gelegen und gelesen. Donald setzte sich auf einen Lehnstuhl beim Kamin, klemmte die Hände zwischen die Knie, lehnte sich leicht vor und starrte auf den Teppich. Joan saß in einigem Abstand auf einem Stuhl beim Eßtisch. Donald sagte: »Weißt du, in der letzten Zeit habe ich für dich ... ziemlich starke Gefühle entwickelt.«

Joan erwiderte sanft: »Oh, das tut mir leid. Ich hatte gehofft, daß es nicht so weit gekommen war.«

Nach einer Weile fügte sie hinzu: »Weißt du, die Dinge, an denen wir Spaß haben, sind einfach so verschieden. Du magst Bücher und Jazz und Ideen und ... andere kluge Sachen. Immer wenn ich mit dir zusammen war, dachte ich, daß ich das auch alles mochte, aber das stimmt eigentlich nicht. Ich mag mit Pferden trainieren und Hühnerställe saubermachen und wie eine Vagabundin leben. Das ist mir letzte Woche plötzlich klargeworden. Für mich ist es sehr wichtig, auch meinen Körper zu spüren. Es tut mir leid, Donald.«

»Aber ich kann einfach nicht einsehen, wieso uns das trennen sollte! Die meisten Leute, die einander ... mögen, behalten sich doch Teile ihres Lebens zurück, die sie nicht miteinander gemeinsam haben.«

»Es tut mir wirklich leid, Donald. Es ist wahrscheinlich ziemlich neurotisch von mir, aber so sehe ich das nun mal.«

»Du bist doch nicht neurotisch.«

»O doch!« fiel ihm Joan bang ins Wort. »Ich bin wirklich sehr neurotisch! Oft mache ich die verrücktesten Sachen ...«

»Etwa, daß du am Telefon nicht mit mir sprichst?«
Sie blickte schräg zu Boden und murmelte: »Na ja, schon.«
Donald stand auf und meinte: »Dann gehe ich jetzt wohl besser.«
»Es war lieb von dir, daß du den weiten Weg gekommen bist.«
»War es nicht. Ich mußte doch herausfinden, was los war.«
An der Haustür sagte er: »Auf Wiedersehen, Joan.«
Sie erwiderte freundlich: »Auf Wiedersehen, Donald.«
Er stieg wieder ins Taxi und ließ sich in die Stadt bringen. Er hockte in der gleichen Haltung auf dem Rücksitz, wie er im Lehnstuhl gesessen hatte. Gedankenfetzen schossen ihm durch den Kopf.

Warum habe ich »ziemlich starke Gefühle gesagt«, wo ich doch »Liebe« gemeint habe?

Warum war ich so kleinmütig und so vernünftig? Ich hätte sie schlagen sollen. Ich hätte ihr beim Weggehen ins Gesicht schlagen sollen.

Beim letzten Treffen hatte es doch noch so ausgesehen, als kämen wir richtig gut miteinander aus.

Das Taxi hielt in einer Straße mit hohen Mietshäusern, an deren Ende sich ein Theater befand. Donald bezahlte, ging in einen Hauseingang und stieg die Treppen bis zu einem Treppenabsatz mit einer leuchtend roten Tür hinauf. Er schob den Briefkasten mit einem Finger auf und pfiff leise durch den Schlitz. Nach einer Weile öffnete ein leichenblasser und hagerer junger Mann mit einem zerzausten roten Bart, der einen Mantel über dem Schlafanzug trug. Er starrte Donald an, zog die Augenbrauen in die Höhe und meinte: »Na, na, na.«

»Kann ich reinkommen? Ich weiß, es ist wirklich ziemlich egoistisch, aber ich muß jetzt einfach mit jemandem reden.«

»Komm erst mal rein.«

Sie gingen durch den Flur in ein kleines Zimmer, in dem sich ein Bett, ein Stuhl, ein Frisiertisch und ein Fernsehgerät befanden. Boden, Frisiertisch und Fernseher waren mit Bücherstapeln übersät. Der Bärtige warf den Mantel ab, legte sich aufs Bett, raffte das Bettzeug um sich und starrte zur Decke, die Hände unter dem Kopf verschränkt. Donald sagte: »Mir ist etwas Furchtbares passiert. Wenn ich es nicht auf der Stelle jemandem erzähle, muß ich die ganze Nacht durch die Gegend rennen und darüber nachgrübeln.«

»Na gut, dann erzähl's mir.«

Donald ging mit gemessenen Schritten im Zimmer auf und ab und sprach langsam, beinahe zögerlich. Manchmal sagte er »Vielleicht irre ich mich hier ...« und manchmal »Das hat sie nicht genau mit diesen Worten gesagt, sie hat es vorsichtiger formuliert.«

Als er fertig war, gähnte der Bärtige und meinte: »Das ist alles sehr interessant, Donald. Warst du sehr scharf auf sie?«

»O ja. Ich hatte gedacht, daß wir heiraten würden. Sie ist das einzige Mädchen, das ich kenne, bei dem ich mich nicht verlegen gefühlt habe, wenn ich ... zur Sache kommen wollte. Wir haben uns immer wohl gefühlt miteinander, sie war so aufrichtig und freundlich und ... schön.«

»Nein, Donald, also schön nicht. Du weißt doch, ich habe sie schon mal gesehen.«

»O doch, schön! Ich weiß schon, ihr Gesicht ist so einzigartig, daß es beinahe schon häßlich ist, aber ihr Körper ist nach jedem Maßstab schön: schlank, mit kleinen, steilen Brüsten und einem sehr breiten Hintern (sie hat mal gesagt, daß sie deswegen schlecht in Kleider kommt) und herrlichen, langen Beinen. Und sie konnte sich ausziehen, ohne dabei befangen oder kokett auszusehen.«

»Sie hat mir dir *geschlafen*?« fragte der Bärtige überrascht.

»Ein-, zweimal. Zweimal, um genau zu sein.«

»Ich habe immer gedacht, daß sie so ein stilles, ruhiges Mädchen ist.«

»Sie ist ein stilles, ruhiges Mädchen.«

»Und ... wie war sie?«

»Wie war sie?«

»Wie war sie im Bett?«

»O nein, den Geschlechtsakt habe ich nie mit ihr vollzogen – wir haben einfach nur geschlafen. Ich war nicht in der Stimmung für irgendwas Dringenderes, und ich hatte das Gefühl, daß es ihr genauso ging. Sie hat ihre Unterwäsche anbehalten. Aber ich habe nie so selig und süß geschlafen wie damals in ihren Armen. Sonst schlafe ich nämlich schlecht.«

Nach einer kleinen Pause meinte der Bärtige: »Meinst du nicht, daß sie sich vielleicht ein bißchen verarscht gefühlt hat?«

Donald setzte sich, blätterte die Seiten eines Buches durch, ohne hinzublicken, und erwiderte: »Der Gedanke war mir auch schon gekommen. Darum kann ich ihr das Benehmen von heute abend auch nicht übelnehmen.«

»Na trotzdem, sie hätte etwas netter mit dir Schluß machen können.«

»Aber mit jemandem, der dich liebt, kannst du nicht nett Schluß machen! Das einzig Richtige ist ein offener, ehrlicher Schluß. Sie hat mir mit einer sehr aufrechten kleinen Geste gezeigt, daß sie mit mir fertig ist. Sie hat meine Stimme sorgfältig auf einem Tisch in der Diele abgelegt, um nicht zu stören, und dann ist sie leise weggegangen und hat sich die Haare gewaschen. Das war deutlich. Aber ich muß ja wie ein Trottel noch zu ihr hinfahren und darüber *diskutieren*.«

Der Bärtige sagte schläfrig: »Schade, daß du kein Kapital aus ihrer Tierliebe geschlagen hast. Wenn du an der Spitze eines Kavallerietrupps bei ihr vorgaloppiert wärst, dann hätte sie dich bestimmt unwiderstehlich gefunden.«

Einige Minuten lang war es still im Raum. Dann sagte Donald gedankenverloren: »Warum wehre ich mich nicht viel mehr? Als ich das letztemal verliebt war und meine Freundin mit mir Schluß gemacht hat (das war vor fünf Jahren), da habe ich mich sehr gewehrt. Ich habe verrückte Sachen gemacht, habe sie zum Beispiel in aller Öffentlichkeit wüst beschimpft und zu Gott gebetet, er möge sie töten. Ich hielt damals meinen Zustand für unerträglich. Jetzt bin ich ziemlich ruhig. Ich habe einen nagenden Schmerz in der Brust, aber dadurch, daß ich mit dir geredet habe, ist es schon besser geworden, und bis ich eingeschlafen bin, ist der Schmerz bestimmt ganz weg. Morgen kommt er vielleicht am Abend noch einmal ein paar Stunden zurück, aber er wird sich in erträglichen Grenzen halten. Und in den kommenden Wochen wird die tägliche Schmerzzeit immer kürzer, und in drei oder vier Monaten ist er ganz weg. Und das ...«, erklärte Donald und stand auf, »das ist das Traurige daran. Joan wird bald nur noch ein vager Schmerz für mich sein, dann nicht einmal mehr das, und in ein paar Jahren wird es mir schwerfallen, mich überhaupt noch an sie zu erinnern. Ich wünschte mir, dieser Schmerz würde mein ganzes Leben lang andauern, damit ich sie nie vergesse. Aber sogar meine Erinnerung wird schwinden, und alles, was wir je miteinander getan und gefühlt haben, wird sinnlos und nutzlos sein.«

Er blickte zu dem Bärtigen hin, als hoffte er auf Widerspruch, aber der war eingeschlafen.

Der Nörgler

Ich habe immer einen sauren Geschmack im Mund, ganz gleich, wie gründlich ich mir die Zähne putze; und obwohl ich jeden Morgen frische Unterwäsche anziehe und jeden Abend bade, verfolgt mich stets ein schwacher, abgestandener Geruch. Vielleicht ist dieses Saure, Abgestandene der Geruch und Geschmack, der meiner Person eigen ist. Verrottet vielleicht in meinem Inneren etwas? Ich habe zur Zeit nur sehr wenig Energie und schwitze oft ohne jeglichen ersichtlichen Grund. Mein Urin hat die Farbe von sehr starkem Tee – ich bin mir ganz sicher, daß er früher die Farbe von sehr schwachem Tee hatte –, und ich renne ständig zur Toilette und scheiße doch nichts als Luft und Wasser. Letzte Woche beim Einkaufen hatte ich auf einmal das Gefühl, als wäre die obere Hälfte meines Körpers zu schwer für die untere, und ich bekam diesen schrecklichen Schmerz in der Mitte, ganz besonders im Kreuz, einen Schmerz, der mich in der Nacht sehr schlecht schlafen ließ. Ich habe zwei Ärzte konsultiert: meinen Hausarzt, der mich von oben bis unten abklopfte, mir mitteilte, es sei ein reiner Muskelschmerz, und mir dann ein Fläschchen mit entzündungshemmenden Pillen gab; und einen Chiropraktiker, der mir sagte, ich hätte einen leicht verschobenen Wirbel, und mir dann Oberschenkel und Schulter verrenkte, ehe er der Entzündung mit Wärmestrahlen, Massage und Akupunktur zu Leibe rückte. Die Rückenschmerzen blieben. Ich ging ins Bett, lag dort und las langweilige Bücher, die ich alle schon einmal gelesen und bereits damals nicht besonders genossen hatte. Mir fehlte die Kraft, um irgend etwas Unterhaltsames zu lesen.

Es kam mir der Gedanke, daß ich vielleicht im Sterben lag. Ich hatte einen Freund, der eines Tages einfach angefangen hatte zu sterben. Ich sah, daß er hinkte, und fragte ihn, warum. Er sagte, er hätte am Tag zuvor Schmerzen im Knie gehabt, aber jetzt wären sie schon viel besser. Vier Jahre lang ging es seinem Bein jedesmal, wenn wir uns trafen, schlechter, aber immer viel besser als am Tag zuvor, also weigerte er sich, zum Arzt zu gehen, bis er nicht mehr stehen konnte. Dann brachte man ihn natürlich ins Krankenhaus, wo man ein Herzleiden, Arthritis und Psoriasis diagnostizierte und ihn einer Behandlung unterzog. Er war bei der Entlassung ein wenig gesünder als bei der Einlieferung, aber nicht viel. Er hoppelte noch ein Jahr herum, und es ging ihm schlechter und schlechter, aber er fühlte sich stets viel besser als am Tag zuvor, bis er endlich tot war.

Na ja, sobald ich dachte, daß ich allmählich starb, war ich wieder viel glücklicher. Ich begrüßte meine Besucher mit einem Lächeln, das von geduldiger Toleranz durchdrungen war. Meine Stimme wurde leise, langsam und monoton. Wenn man mich fragte, wie es mir ging, so antwortete ich, daß ich eigentlich keine Schmerzen hätte – nur ein leichtes, beständiges Unbehagen. Was der Wahrheit entsprach. Ich war der Welt gegenüber großzügig gestimmt. »In einem oder zwei Jährchen«, sagte ich mir, still für mich natürlich, »werden wir beide, du und ich, aufgehört haben, einander zu ärgern.« Ich gab jedoch der Heilkunst noch eine letzte Chance: Ich ging zu meinen beiden Ärzten und berichtete ihnen, daß sich keinerlei Besserung eingestellt hatte. Mein Hausarzt sagte einmal mehr, diesmal mit leichter Ungeduld in der Stimme, es handle sich um einen reinen Muskelschmerz und ich sollte nur weiter meine

Pillen nehmen. Der Chiropraktiker runzelte verdutzt die Stirn und verpaßte mir noch mehr Akupunktur. Ich war immer noch großmütig gestimmt. »Es gibt einige Krankheitszustände, die die Medizin nie verstehen wird«, dachte ich, »bis es zu spät ist.« Und ich wollte mich gerade daran machen, für die absehbare Zukunft alle Verabredungen und Termine zu verschieben, als der Rückenschmerz spurlos verschwand! Plötzlich existierte er einfach nicht mehr! Das warf mich in meine frühere Niedergeschlagenheit zurück. Ich ging aus dem Haus und betrank mich und wachte am nächsten Morgen im Bett auf, ohne klare Erinnerung daran, wo ich die vorherige Nacht verbracht hatte, aber mit einem riesigen blauen Fleck an der rechten Schulter, der sogar jetzt noch schmerzt, wenn ich den Arm bewege.

Warum muß ich mich nur immerzu beschweren? Ich habe heutzutage keine Sorgen, außer den Sorgen um den allgemeinen Zustand der Welt. Ganz besonders des Teils der Welt, in dem ich lebe. Es ist ein vergleichsweise wohlhabender Bezirk, aber sogar hier gibt es immer mehr bröckelige Bürgersteige, rostige Laternenpfähle und Unrat auf den Straßen und mehr und mehr Frauen und Kinder mit aggressiv häßlichen Haarfrisuren und viel mehr hagere, schlecht gekleidete und schlicht verrückt aussehende Leute. Großbritannien wird furchtbarer und furchtbarer, während es sich immer weiter von der Vollbeschäftigung und dem sozialen Wohlstand entfernt, den es damals genoß, als ich in den fünfziger Jahren noch Student war. Aber ich muß zugeben, daß ich mich selbst in den fünfziger, sechziger und sogar siebziger Jahren schon wie ein einsamer Außenseiter fühlte. Ich hatte viele Freunde und traf mich oft mit ihnen, aber die fühlten sich auch alle wie einsame Außenseiter. Wir nörgelten viel. Wir kamen zu dem Schluß, daß unsere Stadt völlig kulturlos war, weil sie sich weigerte, schöpferische Phantasie und politische

Überzeugungen miteinander zu verbinden. Wir mieteten Säle und organisierten Veranstaltungen, in denen wir agitieren und die Welt verändern wollten, aber wir waren zu arm und nutzlos, um irgend etwas zu erreichen. Wenn ich »arm und nutzlos« sage, so meine ich damit nicht, daß ich persönlich je mittellos war oder keine Arbeit hatte, aber ich fühlte mich arm und nutzlos, weil mein Liebesleben nicht der Rede wert war und ich täglich älter wurde.

Als meine Ehe zu Ende gegangen war, wurde eine bestimmte Kneipe zum Mittelpunkt meines gesellschaftlichen Lebens. Zwei- oder dreimal in der Woche trank ich dort mit Leuten, die ich sonst nirgends traf, mit Leuten von der Universität und mit Linda, der Zahnarzthelferin, und ihrem Freund, der in einem Reisebüro arbeitete. Eines Abends, als sie ein wenig beschwipst war, fragte mich Linda ganz freundlich, warum ich mich eigentlich immer mit Leuten herumtrieb, die so viel jünger waren als ich? Ehrlich, bis zu diesem Augenblick war mir gar nicht aufgefallen, daß sie jünger waren als ich, aber sie waren jünger, mindestens zehn Jahre. Ich saß mit ihnen zusammen, weil ich ihre Gesellschaft genoß und annahm, daß es ihnen mit mir genauso ging, aber als ich genauer nachdachte, wurde mir klar, daß mich ihre Gespräche langweilten. Was ich so genoß, war genau ihre Jugend, insbesondere die Jugend der Frauen, obwohl ich keinerlei Hoffnung hegte, je mit einer von ihnen ins Bett zu gehen. Ich hatte mich zu einem harmlosen Lüstling mittleren Alters entwickelt.

Einige Jahre nachdem ich aufgehört hatte, diese Kneipe zu besuchen, ging ich einmal auf der Straße an einer Gruppe junger Leute vorbei, und ein attraktives Mädchen kam herüber und sagte zu mir: »Entschuldigung, Sir, darf ich Sie auf den Mund küssen?«

»Aber natürlich!« erwiderte ich und umarmte sie, aber sie wurde ganz verlegen und rannte zu ihren Freunden zurück, die herzlich lachten. Sie hatten wahrscheinlich mit ihr gewettet, daß sie sich nicht trauen würde, das zu sagen, denn ich schien ihnen wohl ein sehr biederer, leicht zu schockierender älterer Herr zu sein. Ich war also sehr erleichtert, als mir etwas Ähnliches widerfuhr, das zunächst ein anderes Ende zu nehmen schien. Um die Zeit der Sperrstunde herum kam einmal ein Mädchen aus einer Kneipe gerannt, hakte sich bei mir unter und sagte: »Sie sehen richtig sexy aus. Möchten Sie mich nicht zu einem indischen Essen einladen?«

Ich bin ganz sicher, daß sie keine Prostituierte war. Sie sah langweilig, durchschnittlich und übergewichtig aus, aber das gilt auch für mich und störte mich also nicht weiter. Ich antwortete: »Natürlich lade ich Sie zum Essen ein«, und führte sie in ein Restaurant, das ich kenne. Ich schwöre, ich habe nicht erwartet, daß wir an diesem Abend miteinander schlafen würden. Sie war keine Prostituierte und ich kein Narr. Das Äußerste, was ich mir erhoffte, war ein Flirt, eine Unterhaltung mit ein paar zweideutigen Bemerkungen und anzüglichen Anspielungen und so weiter, und später würden wir uns vielleicht mit einer kleinen, festen Umarmung und einem Kuß voneinander verabschieden. Ich würde ihr auch meine Telefonnummer geben, was vielleicht zu etwas führen könnte, falls sie je Vertrauen zu mir faßte. Als wir das Restaurant erreichten, zögerte sie und meinte: »Das ist aber kein indisches.«

Es war keines. Es war teurer als ein indisches Restaurant, aber ich war mit den Leuten von der Geschäftsführung befreundet und hatte dort Kredit. Da ich nur sehr wenig Geld dabeihatte, hätte ich ihr an diesem Abend kaum irgendwo anders ein Essen spendieren können. Ich überredete sie, und bald saßen wir in einem glasüberdeckten Innenhof neben einem kleinen Teich mit Seerosen und wurden von sehr freundlichen Kellnerinnen bedient. Sie fand es gräßlich. Sie aß sehr schnell und hielt ihren Kopf immer tief über den Teller gesenkt. Immer wieder schenkte ich ihr Weinglas voll, und sie leerte es, aber sie sprach kein einziges Wort mehr, bis wir auf der Straße waren, wo sie mich bat, ihr das Geld für den Bus nach Hause zu leihen. Ich gab es ihr, und sie ging eilig davon. Das war typisch für mein Liebesleben in jenen Tagen.

Warum erinnere ich mich an derlei trostlose Dinge? In jener Zeit lebte ich nur für meine Arbeit, und ich machte sie gut. Auch wenn eine Menge Leute behaupteten, meine Arbeitsmethoden wären nicht solide. Ich nehme an, daß deswegen meine erste Ehe ein Ende fand – am Anfang habe ich nur sehr wenig verdient. Meine Frau hielt mich für einen schlechten Familien-Ernährer, und als sie dann selbst eine Stelle annahm, wollte sie gar nichts mehr mit mir teilen, nicht einmal die Kinder. Aber ich wußte, daß ich recht hatte. Ich marschierte einfach weiter geradeaus auf meinem Kurs, als wäre nichts geschehen, und schließlich begannen in den Fachzeitschriften einige Größen meinen Namen zu erwähnen. Als ich fünfundvierzig war, gestattete mir der Direktor meiner Bank, ein neues Konto mit einem phänomenalen Kredit zu eröffnen. Als ich damals die Bank verließ, fühlte ich mich wie ein achtjähriges Kind, das die Sommerferien vom Joch der Schule befreit haben. Sicherheit, Macht und Freiheit! Endlich hatte ich sie wieder. Etwas Enges, Hartes in meinem Inneren dröselte sich langsam auf, verabschiedete sich vielleicht für immer. Liebe, Sex, Frauen, das war für mich erledigt. Die hatten mich nie gewollt, jetzt wollte ich sie nicht mehr.

Kurz danach hatte ich mit vier verschiedenen Frauen innerhalb einer einzigen Woche viel Spaß im Bett; zwei von ihnen hatte ich schon jahrelang gekannt, und sie hatten vorher nie das geringste Interesse an mir bekundet. Ich weiß nicht, warum das alles so plötzlich passierte. Ich war keine stadtbekannte Berühmtheit geworden. Mein Ruf in Fachkreisen bedeutete diesen Frauen gar nichts. Und was das Geld angeht: Niemand hat je Geld aus mir herausgeholt. Ich habe kürzlich einen Artikel über Hollywood gelesen; darin stand, daß, wenn eine Frau sich dort einen Liebhaber nimmt, »alle ihre Freundinnen ihn im Eilzugtempo auch durchprobieren«. Aber diese Frauen kannten sich nicht einmal, also wurde ich eindeutig nicht herumgereicht. Es fand in dieser Woche eine königliche Hochzeit statt, vielleicht hat das ein paar völlig irrationale Leidenschaften entfacht. Eine andere Erklärung fällt mir nicht ein. Mir wurde jedoch klar, daß ich diesen Gelegenheitssex nicht mochte. Ich begann, die beiden, die mich regelmäßig wollten, auch regelmäßig zu besuchen. Sie sind ziemlich verschieden, abgesehen davon, daß sie beide höchst unabhängig und kein bißchen aggressiv oder bösartig sind. Sie kennen einander nicht, aber sie wissen voneinander, also betrüge ich keine. Ich wundere mich über mich selbst. Ich hatte immer gedacht, daß nur Aristokraten in Kitschromanen solches Glück haben. Jetzt habe ich alles, was ich je wollte, ja, was ich je zu wollen träumte: Anerkennung im Beruf, Wohlstand, Unabhängigkeit und Liebe.

Erst war es ja ganz nett, aber dann habe ich mich daran gewöhnt. Jetzt macht es mich wahnsinnig. Es fühlt sich an wie ein Happy-End. Es sieht ganz so aus, als könnte es jetzt nur noch bergab gehen. Ich habe angefangen, viel zu viel zu trinken. Meine Freunde fragen mich, was mit mir los ist, aber wenn ich ihnen erzähle, daß ich alles habe, was ich immer wollte, dann fällt es ihnen schwer, Mitleid mit mir aufzubringen. Meine Erziehung ist schuld daran. Die beiden wichtigsten Dinge, die mir die Schule beigebracht hat, sind Sorgen und Langeweile. Meine Lehrer, die selbst ein Leben voller Sorgen und Langeweile führten, schienen zu glauben, daß aus uns nur anständige Menschen würden, wenn wir auch so wären. Vielleicht haben sie mir das zu gut beigebracht. Ich verwandle jetzt alles, was mir Spaß macht, in Sorgen und Langeweile, damit ich das Gefühl haben kann, ein anständiger Mensch zu sein. Das muß ein Ende haben. Ich weigere mich, ein bloßes Produkt meiner Erziehung zu sein, ein bloßes Gewohnheitstier. Morgen ändere ich mich. Ja, morgen. Morgen.

Eine kleine Distel

Die Unabhängigkeitserklärung der Deputierten der Vereinigten Staaten brachte 1781 die amerikanische Episkopalkirche in große Verlegenheit. Sie hatte keinen Bischof, glaubte aber doch, daß Bischöfe für die Einsetzung neuer Priester unerläßlich wären. Bisher hatten englische Bischöfe die amerikanischen Priester geweiht, aber jetzt befanden sich die beiden Länder im Kriegszustand. Das Oberhaupt der Church of England war König Georg, der die USA für eine illegale Organisation hielt. Es schien, als sei die Priesterschaft der amerikanischen Episkopalkirche dazu verurteilt, langsam durch Vergreisung ins Nichts zu schwinden oder sich in eine völlig neue Art von protestantischer Sekte zu verwandeln. Man fand jedoch eine dritte Möglichkeit. Obwohl die Regierung von England fünfundsiebzig Jahre zuvor die schottische aufgesogen hatte, waren Rechtssystem und kirchliche Struktur in Schottland davon unberührt und unabhängig geblieben. Eine führende Persönlichkeit der winzigen schottischen Episkopalkirche war Reverend James Skinner, ein Dichter, dessen »Reel of Tullichgorum« und »The Ewie wi' the Crookit Horn« man auch heute noch in Gedichtsammlungen findet. Sein Sohn William Skinner war ein liberal denkender Mann und zudem Bischof von Aberdeen, der bald Oberhirte der schottischen Episkopalkirche werden sollte. Und so legten 1784 William Skinner und zwei andere schottische Bischöfe ihre rechte Hand auf das Haupt des Dr. Seabury, eines Yankees aus

Connecticut, und machten ihn dadurch gleichfalls zum Bischof. Der einst von Jesus über Petrus gesprochene Segen konnte nun solcherart über den Atlantik expediert werden und sich dort ausbreiten.

Am Montagmorgen, dem 24. Mai 1973, starb Bill Skinner, einer der letzten Nachkommen der Episkopal-Skinners im Alter von neunundsechzig Jahren im Gartnavel General Hospital in Glasgow an Herzversagen. Das Familienvermögen war zu einem sehr kleinen Häuflein zusammengeschrumpft, bis es Bill erreichte. Sein Vater, ein robuster, aber nichtsnutziger Mann, hatte an der Universität von Heidelberg studiert und sich dann als Holzfäller und Tagedieb in Amerika herumgetrieben, ehe er seine Tage im Bürgermeisteramt der Glasgower Stadtverwaltung beschloß. Nach der Schule begann Bill, auf den Werften als Markierer zu arbeiten: Er zeichnete auf den Stahlplatten mit Kreide die Punkte vor, wo später die Löcher für die Nieten gebohrt werden sollten. Wegen eines Herzleidens mußte er diese Arbeit in den vierziger Jahren aufgeben und war danach in Teilzeitbeschäftigung als Laborant in einem privaten College beschäftigt, in dem Schüler für die Aufnahmeprüfung der Universität paukten. Nachdem das College Mitte der sechziger Jahre seine Tore für immer geschlossen hatte, lebte Bill äußerst sparsam von seiner staatlichen Rente. Er hat nie geheiratet, verbrachte den größten Teil seines Lebens mit seiner verwitweten Mutter in ihrem gemeinsamen Zuhause in der Otago Street, in einer Wohnung, die sicherlich die letzte noch mit Gas beleuchtete Mietwohnung in ganz Glasgow war. Er hatte keine Kinder. Seine einzige Hinterbliebene war eine entfernte Kusine in Amerika.

Dies ist das nackte statistische Knochengerüst von Skinners Leben, und man könnte es niemandem verdenken, wenn er es für ziemlich triste hielte. Die lebendige Wirklichkeit war wunderbar anders. Bill füllte sein Leben mit so vielen verschiedenen, phantasievollen Tätigkeiten – politischen, künstlerischen, wissenschaftlichen und alchemistischen –, daß er einem ungewöhnlich großen Freundeskreis zum ständigen Quell des Entzückens und der Freude wurde. Er war Mitglied der Andersonian Society, der Connolly Association, der Campaign for Nuclear Disarmament und einer amerikanischen Gesellschaft, die über wissenschaftliche Themen korrespondierte, sowie der Scottish-USSR Friendship Society.

In seinem Zuhause in der Otago Street hatte er ein kleines Labor, in dem er Forschungen zur Komprimierung von Teilchen und zu den Ursprüngen des Lebens anstellte; er druckte (im Selbstverlag) auch eine kleine Broschüre, in der er seine Ansichten zu diesen Themen darlegte. Jeder, der sich die Mühe machte, mit ihm einen Termin zu vereinbaren, wurde von ihm durch das kleine Museum geführt, das er im Wohnzimmer seiner Mutter eingerichtet hatte: mit seinen Fossilien, den gepreßten Pflanzen, den Kopfhörern, die mit körpereigener Elektrizität betrieben wurden, dem durchsichtigen Möwenschädel und mit einer Ausstellung seiner Gemälde. Im Durchschnitt produzierte er zwei Bilder pro Jahr: klar umrissene, geheimnisvoll farbige, symbolische kleine Arbeiten mit Titeln wie »Scotias Ehrgeiz«, »Magierstadt Tyro« und »Tod des Todes«. Ich habe ihn einmal sehr empört protestieren hören, als ihn ein Kritiker einen Primitiven nannte. Er hielt dies für eine Beleidigung seiner überaus sorgfältigen Maltechnik. Auch in seinen letzten Lebensjahren, als ihn die Arthritis schon arg verkrüppelt hatte, brachte er mit Hilfe einiger Freunde noch zwei Ausgaben der Zeitschrift »Anvil Sparks« (Amboßfunken) heraus, in der er Notizen zu Naturwissenschaft, Kunst und Politik darlegte, die Ausstellungen seiner Freunde ankündigte und eine Fortsetzungsserie über das Lebenswerk Henry Dwinings veröffentlichte, des Alchemisten aus Scotts Roman »The Fair Maid of Perth«, einer Gestalt, der er sich in großer Zuneigung verbunden fühlte.

Ehe ihn die Krankheit ans Haus fesselte, war er ein wacher, schneller, kleiner, jungenhafter Mann mit Nase und Mund eines Nußknackers und einem bleichen, nikotingelben Haarwust. Das Haar war wohl einmal leuchtend rot gewesen. Als das Rot verblaßte, versuchte er, die Farbe mit einer selbstgebrauten Tinktur wiederzubeleben, jedoch ohne allzu großen Erfolg. Seine Lieblingskneipen waren die State Bar, die Blythswood Bar und der Pewter Pot, jeweils vor der Renovierung. Seine Lieblingsgetränke waren Wodka mit Limone und High-Ho, ein weiteres Eigengebräu, das er aus reinem Alkohol herstellte. Dieses Getränk wurde nur am Hogmanay, am Silvesterabend, hervorgeholt, und ein kleines Glas davon konnte selbst im Verhältnis drei zu eins mit Wasser verdünnt immer noch gefährliche Explosionen hervorrufen, wenn man es ins Feuer kippte. Bill war fröhlich, unglaublich unabhängig, hatte viele Freunde beiderlei Geschlechts und aller Altersstufen und keinen einzigen Feind. Ein erfolgreiches Leben.

Irgendwann in den vierziger Jahren, als er noch auf den Werften arbeitete, hatte er eine politische Partei gegründet, die ihre Mitglieder hauptsächlich aus den Kreisen der Anarchisten, Trotzkisten und Schottischen Nationalisten rekrutierte. Gegen Ende seines Lebens war er das einzige Mitglied, und er machte die Parteiprinzipien publik, indem er in den ruhigeren Gegenden der Stadt in der Nähe seines Zuhauses (mit äußerster Vorsicht) kleine Aufkleber an Bäumen und Laternen anbrachte. Der Wahlspruch auf diesen Aufklebern ist ein guter Grabspruch und läßt sich hier in vollem Wortlaut wiedergeben:

SOZIALISTISCHE REPUBLIK SCHOTTLAND
NEUTRALITÄT

Links neben »Neutralität« ist eine kleine Distel zu sehen.

Die Geschichte eines Einsiedlers

Reverend John Kirkwood aus Edinburgh war mein Vater, ein Mann, der sowohl für die harsche Strenge seines Lebenswandels wie auch für den Tonfall seiner von der Kanzel verkündeten Moralpredigten bekannt war. Manchmal wäre ich fast versucht gewesen, die Vorsehung für meine ehrenwerte Herkunft zu preisen, hätte ich mich nicht so viel häufiger gezwungen gesehen, die Schroffheit meiner Erziehung zu beklagen. Ich habe keine eigenen Kinder, jedenfalls keine, die ich der Erziehung für wert befunden hätte, vielleicht spreche ich also nur aufs Geratewohl; und doch scheint es, daß mein Vater vielleicht zu streng war. Was mein Taschengeld betraf, so gab er mir ein paar erbärmliche Schillinge, längst nicht ausreichend für die Stellung, die sein Sohn einzunehmen hatte, und als ich mir einmal die Freiheit nahm, mich darüber zu beschweren, konfrontierte er mich mit der folgenden bitterbösen Frage, die mich geradewegs ins Herz traf: »Wenn ich dir mehr geben würde, Jamie, könntest du mir versprechen, es so auszugeben, wie ich mir das wünschte?« Ich antwortete nicht sogleich, aber als ich dann sprach, antwortete ich aufrichtig: »Nein«, sagte ich. Er zuckte ungeduldig mit den Schultern, wandte sich dann von mir ab, um das Kaminfeuer genau zu betrachten, als wollte er seine Gefühle vor seinem Sohn verbergen. Heute sind mir diese Gefühle allerdings mehr als klar: Ich weiß, daß er zu einem Teil über meine Aufrichtigkeit höchst erfreut war, zu drei Teilen vom

Zynismus meiner Antwort angewidert. Ich ging aus dem Zimmer, ehe er irgendeine Antwort formulieren konnte; und ich war verzweifelt, das muß ich zugeben. Ich war damals zweiundzwanzig Jahre alt, Medizinstudent an der Universität, und ich hatte mich schon ziemlich in Schulden verstrickt und war mehr oder weniger (obwohl ich heute kaum sagen kann, wie) an kostspielige Zerstreuungen gewöhnt. Ich hatte nur wenige Schillinge in der Tasche; in einer Billardhalle in der St. Andrew's Street vervierfachte ich diesen Betrag beim Spiel in kurzer Zeit, und da sich in unmittelbarer Nachbarschaft ein Wettbüro befand, riskierte ich die ganze Summe als Einsatz in einer Rennwette. Etwa um fünf Uhr des folgenden Nachmittages war ich im Besitz von etwa dreißig Pfund – sechsmal mehr, als ich mir je auszugeben erträumt hätte. Ich war kein schlechter junger Mann, allerdings wohl ein bißchen leichtlebig. Fröhlich und faul mag ich gewesen sein; aber bis zu jenem vermaledeiten Abend hatte ich noch nie erfahren, wie es ist, wenn der Alkohol die Überhand über einen gewonnen hat; es ist also gut möglich, daß ich mich deswegen nur um so gründlicher von ihm bezwingen ließ. Mir war weder klar, wohin ich ging und was ich machte, noch wieviel Zeit bis zu meinem Erwachen verstrichen war. Die Nacht war trocken, dunkel und kalt; die Laternen und die sauber gefegten Bürgersteige und hell schimmernden Sterne entzückten mich; ich ging meiner Wege, bodenlosen Jubel in der Seele, singend, tanzend, voll luftiger Sorglosigkeit torkelnd, und dann erlosch ganz plötzlich an einer Straßenecke, an die ich mich nur noch verschwommen erinnern kann, das Licht meines Verstandes – und der Faden meiner Erinnerung riß.

Ich kam in einem Bett wieder zu mir, ob noch in der gleichen oder erst in der nächsten Nacht, habe ich nie erfahren. Nur die dreißig Pfund waren verschwunden! Ich hatte sicherlich eine ganze Weile geschlafen, denn ich war nüchtern. Es war noch nicht Tag, denn durch meine halbgeschlossenen Augenlider nahm ich das Licht einer Gaslaterne wahr. Ich hatte mich ausgezogen, denn ich lag in Leinen gekleidet. Eine Weile schwebte mein Verstand an der Schwelle zum Bewußtsein; und plötzlich kehrte mir die Erinnerung an den garstigen Zustand, in den ich mich unlängst erniedrigt hatte, in mein Gedächtnis zurück, und ich gedachte der puritanischen Gesinnung und der öffentlichen gesellschaftlichen Stellung meines Vaters und setzte mich abrupt im Bett auf. Dabei behinderte mich etwas in meiner Bewegung; ich blickte an mir herab und sah statt meines eigenen Nachthemdes das Nachtgewand einer Frau, das an Ärmel und Busen reich mit Spitze verziert war. Ich sprang auf die Füße, drehte mich herum und fand mich in einem Ankleidespiegel reflektiert. Das Gewand ging mir nur knapp bis unter die Knie; es war aus glattem, weichem Stoff gefertigt; die Spitze war sehr fein, die Ärmel reichten mir halbwegs bis zum Ellbogen. Das Zimmer paßte dazu; der Frisiertisch war mit allen erforderlichen Toilettengegenständen wohl bestückt; an Haken hingen Frauenkleider; ein Kleiderschrank aus irgendeinem hellen gebeizten Holz stand an der Wand, in der Ecke ein Fußbad. Es war nicht mein Nachthemd; es war nicht mein Zimmer; und doch erkannte ich an seiner Form und an der Lage des Fensters, daß es dem meinen aufs genaueste entsprach; daß das Haus, in dem ich mich befand, ein exaktes Gegenstück zum Hause meines Vaters sein mußte. Auf dem Boden lagen meine Kleider auf einem Haufen, so wie ich sie ausgezogen hatte; auf dem Tisch mein Schlüssel, den ich genau erkannte. Derselbe Architekt, der denselben Schlosser beschäftigte, hatte zwei völlig identische Häuser gebaut und identische Türschlösser einbauen lassen; in einer trunkenen Verfehlung hatte ich mich in der Tür geirrt, war ins falsche Haus getaumelt, die Treppe zum falschen Zimmer hinaufgestiegen und vom Alkohol benebelt im Bett einer jungen Dame eingeschlafen. Ich beeilte mich zitternd und bebend, wieder in meine Kleider zu kommen, und öffnete die Tür.

Bis jetzt war alles, wie ich es vermutet hatte; die Treppe, sogar die Farbe an der Wand war genau wie im Hause meines Vaters, nur drang mir hier anstelle der ewigen klösterlichen Stille, die zu Hause herrschte, der Lärm leeren Lachens und trunkener Stimmen ans Ohr. Ich beugte mich über das Geländer, schaute hinab und lauschte, als unten eine Tür aufging und ich die Stimmen deutlicher vernehmen konnte. Ich hörte mehrmals ein laut gerufenes »Gute Nacht«, und einem natürlichen Impulse folgend, rannte ich zurück ins Zimmer und schloß die Tür hinter mir.

Leichte Schritte eilten auf der Treppe näher; die Furcht, entdeckt zu werden, ergriff mich. Und ich war auch kaum hinter die Tür geschlüpft, als sie sich öffnete und eine junge Frau etwa meines Alters hereinkam, im Abendkleid, mit schwarzem Haar, bloßen Schultern und einer Rose am Busen. Sie hielt beim Eintritt in das Zimmer inne und seufzte; sie hatte mir noch den Rücken zugewandt, schloß die Tür, trat auf den Spiegel zu und betrachtete eine Weile mit großem Ernst ihr Ebenbild. Wiederum seufzte sie, wie in plötzlicher Ungeduld, dann hakte sie ihr Mieder auf.

Bis zu jenem Augenblick hatte ich keinen einzigen Gedanken gefaßt; aber dann schien es mir, als müßte ich nun einschreiten. »Ich bitte um Verzeihung...«, begann ich und unterbrach mich sogleich.

Sie fuhr herum und blickte mir wortlos ins Gesicht; Verwirrung, wachsende Überraschung und plötzlich aufwallende Wut spiegelten sich auf ihren Zügen.

»Was um alles in der Welt...«, sagte sie und hielt ebenfalls inne.

»Madam«, erwiderte ich, »um Himmels willen, der Schein trügt! Ich bin kein Dieb, ich gebe Ihnen mein Wort, ich bin ein Ehrenmann. Ich weiß nicht, wo ich bin; ich war abscheulich betrunken – das ist die jämmerliche Wahrheit, die ich Ihnen gestehen muß. Es scheint, daß Ihr Haus genau wie meines gebaut ist und daß mein Schlüssel Ihre Tür aufsperrt, daß Ihr Zimmer ähnlich gelegen ist wie das meine. Wie und wann ich hierher gelangt bin, weiß der Himmel; aber ich bin vor kaum fünf Minuten in Ihrem Bett erwacht – und hier bin ich nun. Ich bin ruiniert, sollte man mich hier finden; wenn Sie mir aus dieser Situation helfen können, dann retten Sie einen Menschen aus einer schauderhaften Notlage; wenn Sie es nicht können – oder nicht wollen –, so gnade mir Gott.«

»Ich habe Sie noch nie hier gesehen«, sagte sie. »Sie sind keiner von Mantons Freunden.«

»Ich habe noch nicht einmal etwas von Mr. Manton gehört«, erwiderte ich. »Ich sage Ihnen, ich weiß überhaupt nicht, wo ich bin. Ich dachte, mich in der ---straße Nummer 15 zu befinden, im Hause des Reverend Dr. Kirkwood, meines Vaters.«

»Sie sind einige Straßen von dort entfernt«, meinte sie. »Sie sind in The Grange, bei Manton Jamieson. Und Sie halten mich auch wirklich nicht zum Narren?«

Ich verneinte das. »Und ich habe Ihr Nachtgewand zerrissen«, rief ich aus. Sie hob es auf und mußte plötzlich lachen, zum erstenmal schwand das Mißtrauen aus ihrem Antlitz. »Nun«, sagte sie, »das ist wohl nicht Diebesart. Wie konnten Sie nur in einen derartigen Zustand geraten?«

»Oh«, erwiderte ich, »mein ganzes Trachten geht dahin, nie wieder in einen derartigen Zustand zu geraten.«

»Wir müssen Sie aus dem Haus schmuggeln«, meinte sie. »Könnten Sie durch das Fenster hinaussteigen?«

Ich ging hinüber und warf einen Blick nach draußen; es

war zu hoch. »Nicht aus diesem Fenster«, erwiderte ich. »Ich muß wohl durch die Tür.«

»Das Problem sind Mantons Freunde«, begann sie. »Sie spielen Roulette, und manchmal bleiben sie bis spät nachts; und je früher Sie gehen, desto besser. Manton darf Sie hier nicht sehen.«

»Um Himmels willen, bloß nicht!« rief ich aus.

»Ich habe dabei keineswegs an Sie gedacht«, erwiderte sie. »Ich dachte an mich selbst.«

Und dann legte Robert Louis Stevenson seine Feder aus der Hand und hinterließ uns dieses Fragment perfekter Prosa, das mir schon seit Mitte der sechziger Jahre gewaltig in der Nase sticht, seit ich es in einem kleinen Buch gelesen habe, das ich für einen Schilling im Antiquariat »Voltaire und Rousseau«, Ecke Park Road und Eldon Street erstanden hatte. Der Einband ist aus weichem schwarzem Kunstleder, und eine Replik der Unterschrift des Autors ist in goldenen Buchstaben auf den Titel geprägt, den Buchrücken zieren drei Palmen, auf dem Vorsatzblatt sind in roten Lettern die Worte »Weir of Hermiston: Unvollendete Geschichten« zu lesen.

Sueton berichtet, daß der römische Kaiser Tiberius sich ein Vergnügen daraus machte, seinen Literaten unbequeme Fragen zu stellen, so etwa: Welches Lied die Sirenen sangen? Welchen Namen Achill in seiner Verkleidung als Mädchen benutzte? Im siebzehnten Jahrhundert argumentierte Doktor Browne in Norwich, daß diese Fragen nicht völlig unbeantwortbar seien, und deshalb stellte in unserem Jahrhundert der Dichter Graves seine Muse auf die Probe, indem er sie Antworten dazu erfinden ließ. Kann ich nun also ableiten, wie »Die Geschichte eines Einsiedlers« weitergehen würde, wenn Stevenson sie vollendet hätte?

Zunächst einmal muß ich Jamie aus diesem Haus herausbekommen, das auf wunderbare Weise dem seinen so gleicht und doch nicht gleicht. Mit »gleich und doch nicht gleicht« meine ich weit mehr als die bloße Übereinstimmung der Architektur und der Türschlösser und den Unterschied im moralischen Ton. Sowohl im Pfarrhaus des Reverend Dr. Kirkwood und in The Grange des Manton Jamieson lebt ein temperamentvoller junger Mensch von zweiundzwanzig Jahren, im einen Fall ein junger Mann, im anderen eine junge Frau, mit einem älteren Mann zusammen, vor dem sie sich fürchten. Stevenson hatte die Angewohnheit, die Personen seiner Erzählungen als dialektische Gegensätze zu entwerfen. Wahrscheinlich arbeitet jeder Autor so, aber Stevensons gegensätzlich angelegte oder miteinander verknüpfte Gegenspieler sind immer ungewöhnlich deutlich ausgeprägt. In »Kidnapped« (Entführt) ist David Balfour, dem vorsichtigen Liberalen aus dem schottischen Tiefland, ein Stolz und ein Mut eigen, die erst zu Tage kommen, als er auf Alan Breck Stewart, den leicht reizbaren Jakobiter aus dem Hochland, trifft, der seinen Stolz und Mut schon in der Kleidung öffentlich zur Schau stellt. »The Master of Ballantrae« (Der Herr von Ballantrae) handelt von zwei Brüdern, von denen der eine ein pflichtbewußtes, überaus langmütiges Arbeitstier ist, das kaum jemand leiden kann, während der andere ein abenteuerlustiger, rachsüchtiger Tunichtgut mit bezaubernd einnehmendem Wesen ist. In »Weir of Hermiston« ist jede Person die Antithese zu einer oder zwei anderen, und Lord Weir, der Generalstaatsanwalt für Schottland, schafft eine geschlossene Einheit, indem er sich als Antithese zu jedermann erweist. In »The Strange Case of Dr Jekyll and Mr Hyde« wechseln einander ein weithin geachteter Heilkundiger und ein verhaßter Mörder in ein und derselben Haut ab. Manton Jamieson kann nur das Gegenstück zum Reverend Dr. Kirkwood sein, wenn er ein dominanter Antivater ist, ein mächtiger Herrscher des Bösen. Dies wurde bereits durch das Trinken und Glücksspiel in seinem Hause angedeutet. Aber wenn er selber auch spielt, dann kann es nur ohne jegliche Furcht vor dem Verlieren sein. Er muß ein höchst eindrucksvoller Mann sein. Mehr brauchen wir im Augenblick über seinen Charakter nicht abzuleiten. Es werden einige Seiten verstreichen, ehe Jamie ihm begegnet, denn eine Geschichte über einen jungen Mann, der des Nachts in ein fremdes Haus tölpelt, in dem sich eine junge Frau aufhält, und der dort von einem furchterregenden älteren Mann ertappt wird, hatte Stevenson bereits geschrieben.

»The Sire de Malétroit's Door« ist eine von Stevensons eher schwachen Geschichten. Seine Phantasie ist am fruchtbarsten, wenn er sich mit Schottland beschäftigt, und diese Geschichte spielt in der Mord-und-Totschlags-Atmosphäre im Frankreich der »Drei Musketiere«. Ein junger Adliger ist auf der Flucht vor seinen Feinden und entkommt durch eine geheimnisvolle offene Tür am Ende einer Sackgasse. Er stellt fest, daß er von einer Falle in die nächste getappt ist, die ein reicher alter Mann dem Geliebten seiner Nichte gestellt hat. Der Alte will nicht glauben, daß der Adlige und die Nichte einander nicht kennen, und gibt ihnen bis zum Morgengrauen Zeit, die Wahl zwischen Hinrichtung und Heirat zu treffen. Stevenson entschied sich immer wieder bewußt dafür, seine Helden in aufregende Situationen zu verstricken, für deren Entstehung sie selbst keine Verantwortung trugen. Er erläutert dies in seinem Essay »A Gossip about Romance«, wo er erklärt, daß wir den größten Teil unseres menschlichen Lebens damit verbringen, auf Umstände zu reagieren, die wir nicht gewählt haben, und daß »das Interesse sich nicht darauf richtet, was ein Mensch zu tun entscheidet, sondern darauf, wie es ihm gelingt, es zu tun; nicht auf die leidenschaftlichen Verfehlungen und Zögerlichkeiten des Gewissens, sondern auf die Probleme des

Körpers und der praktischen Intelligenz im klar umrissenen Abenteuer, in der Bedrohung durch Waffen und in den diplomatischen Wirrsalen des Lebens. Aus derlei Grundstoffen läßt sich unmöglich ein Theaterstück aufbauen, denn das ernstzunehmende Theater ruht allein auf moralischen Fundamenten und ist der lebende Beweis für die allgemeine Verbreitung menschlichen Gewissens. Aber es ist sehr wohl möglich, auf diesem Grundstock die freudvollsten Verse und lebendigsten, schönsten und heitersten Erzählungen zu errichten.« Die lebendigen, schönen und heiteren Erzählungen, die Stevenson in Übereinstimmung mit dieser Theorie schrieb, sind »Treasure Island« und »Kidnapped«. Die Helden dieser Geschichten sind Jungen, aber sie sind dem gewöhnlichen, konventionellen Denken so sehr verhaftet, sie sind so erpicht darauf, als erwachsen zu gelten, so vertrauensselig und töricht und furchtsam und jener seltenen tapferen Tat fähig, daß Menschen jeglichen Alters oder Geschlechtes das Gefühl haben können, daß sie unter ähnlichen Umständen genau wie diese Jungen wären. Und wie interessant doch diese Umstände sind! Die Erzählung »The Sire de Malétroit's Door« ist eine schwache Geschichte, weil hier nur die Umstände von Interesse sind. Die Falle, die hinter dem jungen Adligen zuschnappt, bringt nichts aus ihm heraus, außer einer noblen Rede über seine Bereitschaft, dem Tod ins Antlitz zu blicken. Dadurch gewinnt er sich den zärtlichen Respekt der Nichte und beschließt die Geschichte mit einer Heirat, die wohl als Triumph und Bekräftigung des Lebenswillens angelegt war, aber in Wirklichkeit nur sklavische Unterwürfigkeit demonstriert. Dieser Held ist nicht glaubwürdig.

Aber Jamie Kirkwood ist glaubwürdig; und auf den ersten Blick und meiner Meinung nach ist er eine sehr viel ausgeprägtere Gestalt als Jim Hawkins oder David Balfour. Kein Wunder. Diese Burschen waren fröhlich und sorglos mit der Aussicht auf ein großes Vermögen von zu Hause aufgebrochen, und wurden dann lediglich eine Zeitlang von Long John Silver und Captain Hoseason eingesperrt und auf ihrem Weg aufgehalten. Aber Jamie Kirkwood, ein zweiundzwanzigjähriger Mann, ißt und schläft in der Falle, in die er hineingeboren wurde. Sein Gefängniswärter ist kein Seeräuber aus dem achtzehnten Jahrhundert, sondern ein eisern ehrbarer, verdammenswert unnachgiebiger Edinburgher Pfarrer aus dem neunzehnten Jahrhundert, der seinem Sohn nur drei Wahlmöglichkeiten gibt: Unterwürfigkeit, Scheinheiligkeit oder Rebellion. Aber Jamie wird kein Scheinheiliger, nur um sich ein wenig langersehnte Freiheit zu erwerben. Indem er die hinterhältige Frage seines Vaters offen und ehrlich beantwortet, brandmarkt er sich – in den Augen seines Vaters wie auch in seinen eigenen – als Rebell und Zyniker, obwohl er letzteres sicherlich nicht ist: Ein Zyniker hätte gelogen, um mehr Geld zu bekommen. Dies ist eine moralische Geschichte über menschliche Verhaltensweisen und die leidenschaftlichen Verfehlungen und Zögerlichkeiten des Gewissens. Die Umstände, die Jamie treiben, sind durch die alles überschattende Persönlichkeit seines Vaters vorgegeben, der seinen Sohn zwingt, sich zu entscheiden: zwischen seinem Hunger nach Freiheit und seinem Hunger nach Wahrheit. Die Wahrheit behält die Oberhand und treibt den Sohn in tiefe Verzweiflung. Die Verzweiflung treibt ihn dazu, sich im Glücksspiel zu versuchen und dann den Gewinn zu vertrinken. Es ist nun höchst wahrscheinlich, daß ein junger Mann seiner Herkunft in jener Stadt und jenem Jahrhundert die Gesellschaft einer wildfremden Frau in einem verrufenen Hause sucht. Jamies völliger Gedächtnisschwund, die zufällige Übereinstimmung der Türschlösser und Schlafzimmer, all das gibt Stevenson die Möglichkeit, sich seitenweise Zwischenhandlungen zu ersparen, uns dieses höchst wahrscheinliche Endergebnis als vollendete Tatsache zu präsentieren und gleichzeitig unsere Neugierde in eine neue, überraschende Dimension zu steigern. Was geschieht nun?

Damit unsere Neugierde erhalten bleibt und Jamie Zeit hat, durch Ausübung seiner eigenen Wißbegierde ein Gefühl für seine Lage zu entwickeln, muß er dieses Haus verlassen, ohne viel mehr darüber in Erfahrung zu bringen. Natürlich kennt er den Grundriß. Die Hintertür führt in eine Küche und einen Kellerbereich, wo immer mindestens ein Bediensteter wartet, bis alle Gäste das Haus verlassen haben und der Hausherr zu Bett gegangen ist. Jamie muß also durch die Vordertür weggehen, sie verstohlen und leise öffnen und wieder schließen. Sein Schlüssel ermöglicht ihm dies. Er läuft dabei Gefahr, daß jemand unerwartet aus dem Spielzimmer tritt und ihn dabei erwischt, wie er sich durch die Diele schleicht. Mit einem erneuten Seufzer gibt ihm die junge Frau zu verstehen, daß sie zur unten versammelten Gesellschaft zurückkehren will, um dort zu verkünden, daß sie es sich noch einmal anders überlegt hat und sich doch noch nicht zurückziehen will, um so die Aufmerksamkeit vier oder fünf Minuten auf sich zu lenken. Sie scheint keinerlei Zweifel an ihren diesbezüglichen Fähigkeiten zu hegen. Also hakt sie ihr Mieder wieder zu und schenkt Jamies Dankesbeteuerungen und Entschuldigungen keinerlei Beachtung. Sie wirkt dabei wie jemand, der im Begriff ist, eine wohlbekannte schwere Last erneut auf sich zu nehmen. Sie schreitet die Treppe hinunter. Jamie folgt ihr, zögert auf halbem Wege. Er hört, wie sie eine Tür öffnet, hört ausgelassene Willkommensrufe, hört, wie eine Tür fest geschlossen wird. Kurz danach ertönt eine Offenbach-Melodie auf dem Klavier. Das ist das Zeichen. Er flieht.

Aber im zweiten Abschnitt seiner Geschichte hatte Jamie

gesagt: »Ich kam in einem Bett wieder zu mir, ob noch in der gleichen oder erst in der nächsten Nacht, das habe ich nie erfahren.« Wenn dies bedeutet, daß er nie in den regelmäßigen Ablauf der Ereignisse im Hause seines Vaters zurückfindet, dann *müssen* ihn ja Manton und Mantons Freunde dabei erwischen, wie er mit Hilfe der jungen Frau versucht, aus The Grange zu entfliehen. Das Benehmen der Frau zeigt, daß Manton eifersüchtig und mächtig ist. Wenn er auch noch intelligent ist und die jungen Leute ihm die Wahrheit sagen, dann wird er ihre Aussage weder ganz glauben noch ganz in Zweifel ziehen. Wenn er ein leicht reizbarer Größenwahnsinniger ist, eine Art de Malétroit des neunzehnten Jahrhunderts, dann könnte er Jamie vor die Wahl stellen: Skandal oder Auswanderung. Lassen wir Jamie also auf der Stelle nach Amerika aufbrechen, ohne die junge Frau, und Manton zahlt ihm ein wenig mehr als die Überfahrt; sonst händigt ihn Manton der Polizei aus und zeigt ihn wegen Einbruchs an. Geschickt genug wäre Stevenson schon gewesen, um eine derart operettenhafte Wendung glaubwürdig erscheinen zu lassen, aber warum sollte er? Das würde uns dem Ende der Geschichte keine Handbreit näher bringen, dem Ende, das gleich zu Anfang angekündigt wurde, ja eigentlich noch vor dem Anfang. Dies ist »Die Geschichte eines Einsiedlers«. Jamie wird der Menschheit den Rücken kehren und keine eigenen Kinder haben, jedenfalls keine, die er der Erziehung für wert befunden hätte. Ein lebhafter junger Mann, der zwar fröhlich und faul sein mag, aber doch unerschrocken genug ist, in einer schwierigen Situation ehrlich zu sein, verwandelt sich in einen absichtlich einsamen, kaltherzigen Schurken, der noch weniger für seine eigenen Kinder übrig hat, als sein eigener schroffer Vater für ihn. Wenn bei dem wundervollen Zwiegespräch im Arbeitszimmer und der Orgie und dem Zusammentreffen mit der jungen Frau nichts weiter herauskommt, als daß Jamie ins Ausland geht, dann trivialisiert dieser Ausgang die Ereignisse, denn so könnten viele verschiedene Geschichten beginnen. Die Begebenheiten würden auch trivialisiert, wenn Jamie vor dem Magistrat angeklagt, in der Zeitung vermeldet, von der Universität verstoßen und schließlich von seinem Vater enterbt würde. Wenn wir mehr verspüren sollen als nur ein wenig achselzuckendes Mitleid mit einem wirklich glücklosen jungen Mann, dann müssen wir beobachten, wie er sich vor unseren Augen entwickelt, ehe er die Schicksalsschläge erdulden muß, die ihn schließlich so entstellen. Er muß sich von ganzem Herzen nach etwas verzehren, mit aller Kraft darum kämpfen und dann eine furchtbare Niederlage erleiden.

Was hindert ihn also lange Zeit daran, sich über den genauen Wochentag im klaren zu sein? Ein plötzlicher, beinahe vollkommener Verlust jeglichen Interesses an seinen unmittelbaren Lebensumständen. Dies beginnt wenige Augenblicke, nachdem er The Grange verlassen hat. Während Jamie über den Bürgersteig schreitet und jede Laterne seinen Schatten vor ihm auf den Boden wirft, wenn er an ihr vorbeigeht, und hinter ihm, wenn er sich ihr nähert, weicht das Gefühl entzückter Erleichterung allmählich der Verwunderung darüber, daß er so innigen Umgang mit einer attraktiven, mutigen, interessanten Frau hatte pflegen dürfen. Alles, was mit ihr zu tun hatte, was ihn vor kurzem noch peinlich berührte und ängstigte, ist ihm nun lebendige, intime Erinnerung. Er hat ihr Nachtgewand getragen, in ihrem Bett geschlafen, sie in intimer Vertrautheit gesehen, die sonst nur Liebhabern und Ehegatten gestattet ist. Sie hat mit ihm wie mit ihresgleichen gesprochen, sich wie eine Freundin mit ihm verbündet und ihn vor dem gesellschaftlichen Ruin bewahrt. Er und sie, sie hatten nun ein Geheimnis miteinander, das niemandem sonst auf der Welt bekannt war, und doch kennt er nicht einmal ihren Namen! Er kann einfach nicht glauben, daß er sie nie wiedersehen soll.

Er kehrt nach Hause zurück, öffnet verstohlen die Tür und schließt sie noch viel verstohlener wieder hinter sich. Er ist verstört, daß er die Diele, die durch das ihm wohlbekannte Oberlicht hindurch schwach vom Licht einer Straßenlaterne erhellt wird, noch genauso vorfindet, wie er sie zuletzt sah – sicherlich hätte sie sich genauso verändern sollen, wie er sich verändert hat? Und sie ist ihm zweifach vertraut: Denn wäre nicht die unterschiedliche Anordnung von Mänteln und Hüten an der Garderobe gewesen, er hätte genauso gut das Haus betreten haben können, das er gerade vor einer halben Stunde verlassen hat. Er geht auf Zehenspitzen durch die Diele und die Treppe hinauf, vollzieht dabei so genau die erst kürzlich ausgeführten Bewegungen in umgekehrter Reihenfolge nach, daß er vor seiner Schlafzimmertür ein wenig zögert, mit klopfendem Herzen, voller Furcht und Hoffnung, beim Öffnen der Tür wieder das Schlafzimmer der jungen Frau vor sich zu sehen. Aber wir haben es hier ja nicht mit einem Bericht von übernatürlichen Geschehnissen zu tun: Jamie zieht sich aus, schlüpft in sein eigenes Nachthemd, steigt ins Bett, liegt da und erinnert sich daran, was geschah, als er sich das letzte Mal in dieser Situation befand. Er ruft sich insbesondere den Seufzer der jungen Frau in Erinnerung und ihren langen, sehr ernsten Blick auf ihr Ebenbild im Spiegel. Er ist sich sicher, daß er weiß, was sie in jenem Augenblick dachte: »Wer bin ich, und warum?« Obwohl die meisten jungen Leute sich diese Frage stellen, gibt ihm dieser Gedanke doch das Gefühl, ihr nähergekommen zu sein. Und wer ist Manton Jamieson, dieser Mann, bei dem sie lebt, dem sie aber die Wahrheit über sich selbst nicht anzuvertrauen wagt? Ihr Ehemann? (Der Gedanke jagt ihm panische Angst ein. Er verwirft ihn.) Ihr Bruder? Onkel? Stiefvater? (Wenige Frauen in Schottland hätten in jenen Tagen ihren leiblichen Vater beim Vornamen genannt.) Wer auch immer Manton ist, er spielt mit seinen Gästen um Geld, während er sie gleichzeitig mit Alkohol bewirtet; kein Wunder, daß die junge Frau nicht sonderlich zufrieden ist (Und Jamie, der erst kürzlich selbst gespielt und getrunken hat, bemerkt gar nicht, daß er Manton vom Standpunkt seines Vaters betrachtet.) Mitten in all diesen Spekulationen schläft er ein.

Und wird am nächsten Morgen wie gewöhnlich dadurch geweckt, daß das Hausmädchen an seine Zimmertür klopft, liegt eine Weile da und starrt leeren Auges an die Decke und weiß, daß er sich verliebt hat. Ich nehme an, daß Jamies Erziehung so ausschließlich von seinem Vater abhing, weil seine Mutter in jungen Jahren gestorben ist – vielleicht bei seiner Geburt. Vor jener ihm inzwischen traumhaft erscheinenden Begegnung mit der jungen Frau hat Jamie nur zwei Arten von Frauen gekannt: die eher ältlichen und ach so ehrsamen Damen aus der Gemeinde seines Vaters und die Frauen, die in den Kneipen und Spelunken tranken, in denen die beinahe mittellosen Medizinstudenten zu verkehren pflegten. Jamie *kann* gar nicht anders, als sich in diese junge Frau zu verlieben. Er verspürt zu diesem Zeitpunkt noch kein Bedürfnis, mehr als nur aufs wunderbarste erstaunt zu sein. Er kleidet sich an, geht nach unten und frühstückt mit seinem Vater. Diese Mahlzeit wird gewöhnlich in wortloser, lediglich durch seine knappen Erwiderungen auf gelegentliche väterliche Fragen unterbrochener Stille eingenommen. Der Vater fragt Jamie nie, wo er den vergangenen Tag oder Abend verbracht hat, sondern sagt: »Man hat mir zugetragen, daß du letzten Donnerstag in der Rose Street gesehen wurdest,« oder »Gestern abend bist du nicht gleich von der Universität nach Hause gekommen.« Auch an diesem Morgen macht sein Vater einige solche Bemerkungen, die Jamie aber kaum wahrnimmt, sondern nur mit einem Nicken oder einem gemurmelten »Ja, genau« beantwortet. Gegen Ende der Mahlzeit wird er sich bewußt, daß sein Vater aufgestanden ist und nun mit dem Rücken zum Kamin steht und ihm in bestimmtem Ton erklärt, er habe das bedauerliche Gefühl, daß Jamie sich seinen Studien nicht mit dem angemessenen Ernst widmete; daß schließlich der Mensch auf der Welt sei, um im Schweiße seines Angesichtes sein Brot zu essen; daß ein Geistlicher Herr verpflichtet sei, der Gemeinde mit gutem Beispiel voranzugehen; und daß er persönlich nicht die Absicht hege, einen bloßen Müßiggänger, Tunichtgut und Verschwender zu unterstützen. Anstatt sich diese wohlbekannten Worte wie üblich mit dem Ausdruck mürrischen Trotzes anzuhören, nickt Jamie nur, murmelt, er werde die Sache überdenken, und verläßt gedankenverloren das Zimmer und das Haus.

Eine halbe Stunde später ertappt er sich dabei, wie er, den Hausschlüssel in der Hand, im Begriff ist, in die Auffahrt zu The Grange einzubiegen. Mit rascheren Schritten geht er auf der Straße weiter, beinahe belustigt. Er war so sehr damit beschäftigt, Hoffnungen und Spekulationen mit den Erinnerungen vom Vorabend zu vermischen, daß er gar nicht bemerkt hat, wohin er ging. Er verbringt den größten Teil dieses Tages und der zwei oder drei folgenden Tage im gleichen Wachtraum. The Grange ist ein ziemlich neues Gebäude. Ich stelle es mir in einer Reihe wohlhabender Villen vor, in einer der westlichen Vorstädte Edinburghs entlang der Glasgow Road in der Nähe des Corstorphine Hill. Zwei-, dreimal am Tag wandert Jamie nun auf seinen ausgedehnten Spaziergängen durch die Stadt vorne am Haus vorbei. Häufiger noch und dabei stets sorgfältig darauf bedacht, nicht von den Bediensteten gesehen zu werden, schleicht er sich durch die Gasse hinter dem Haus, denn von dort kann er *ihr* hohes Schlafzimmerfenster sehen. Manchmal eilt er wie jemand, der eine Mattigkeit abschütteln will, in die Stadt und wandert durch die Straßen in der Nähe der modisch eleganten Geschäfte, die sie sicherlich ab und zu besucht, oder er sitzt auf einer Bank in den Princes Street Gardens und beobachtet die Spaziergänger in der beruhigenden, aber noch nicht drängenden Gewißheit, daß er, wenn er hier nur drei, vier Wochen sitzen könnte, sie sicher vorbeigehen sehen würde. Er glaubt, daß das Schicksal, das ihre erste Begegnung herbeigeführt hat, sie auch sicherlich wieder zusammenführen wird. Er muß nur dazu bereit sein und aufmerksam darauf achten. Dann wird er sie in einer völlig normalen gesellschaftlichen Situation treffen, die sich ausbauen ließe. Er befürchtet, daß sie vielleicht nicht so oft an ihn denkt wie er an sie, ist aber sicher, daß sie es manchmal tut, und wenn sie dabei nur einen Bruchteil seiner eigenen Gefühle verspürt, ist er überzeugt, daß er sie dazu bringen könnte, sich von zwanzig Mantons loszureißen. In der Zwischenzeit gibt ihm allerdings der Gedanke an einen starken, eifersüchtigen Manton Kraft. Denn wäre die junge Frau völlig frei oder nur wenig in ihrer Bewegungsfreiheit eingeschränkt, dann müßte er sich verpflichtet fühlen, Eile an den Tag zu legen. Aber so ist er sicher, daß Manton sie für ihn sicher bewahrt. Auch fasziniert ihn, wie er sich unter ihrem Einfluß verwandelt hat: Er ist ein geduldiger, entschlossener und zuverlässiger Mensch geworden. Er hat für die Freunde, mit denen er sich sonst in Kneipen und Wettbüros traf, nichts mehr übrig. Keiner von ihnen ist würdig, das Geheimnis, das er hegt, mit ihm zu teilen. Sein Verhalten grenzt an Besessenheit. All die Liebesfähigkeit einer Seele, der die Liebe bisher versagt war, fließt still und leise in eine einzige Richtung. Das beinahe ungebrochene Schweigen, in dem er mit dem Vater Frühstück und Abendessen einnimmt, erscheint ihm nicht mehr als düstere Unterdrückung, der er aus dem Weg gehen muß. Sein Geist ist dankbar dafür. Dies ist ein Glücksfall: Es ist sicher noch ein paar Tage hin, bis ihm sein kleines Unterhaltsgeld wieder ausgezahlt wird, und er hätte gar kein Geld, anderswo zu essen.

Aber wenn Jamies Verzauberung nicht bald mit einem neuen Ereignis gestützt wird, dann wäre er wohl gezwungen, sie durch eine überstürzte Handlung am Leben zu halten, was ich mir aber nicht vorstellen kann. Ich habe einmal gelesen – und Jamie sicher auch –, daß Liebende ihr Intrigenspiel dadurch vorantreiben, daß sie einen Bediensteten bestechen und mit ihm gemeinsame Sache machen, aber Jamie ist viel zu dünkelhaft, um jemanden, der gesellschaftlich unter ihm steht, ins Vertrauen zu ziehen. Außerdem geht er davon aus, daß sogar Bedienstete eine gewisse Neigung zur Ehrlichkeit haben und also jede Annäherung seinerseits dem Hausherren zu Ohren kommen muß. Des weiteren hat er kein Geld für Bestechungsversuche. Seine Liebe ist dazu verurteilt, sich im Sande zu verlaufen, wenn nicht die Vorsehung – in dieser Erzählung also ich, als Robert Louis Stevenson verkleidet – einen weiteren nützlichen Zufall herbeizaubert, und warum eigentlich nicht? Heutzutage kennen die reicheren Leute in Edinburgh einander sehr gut; und vor einem Jahrhundert waren sie sicher auch nicht weniger gut informiert. Nach ein paar Tagen nimmt Jamie aus purer geistiger Unrast seine Studien an der Universität wieder auf. Er versucht, seine Erinnerung an die junge Frau (die nun nicht mehr angenehm, sondern eher frustrierend ist) mit aller Gewalt zu unterdrücken, indem er sich auf die Darlegungen seiner Dozenten konzentriert. Er versucht, ihnen zu glauben, daß alles, was ihn so verstört, sich in einem Blutkreislauf, Atemzyklus und Verdauungssystem ansiedeln läßt, daß all dies von kleinen Nervenschocks animiert wird, wie sie ein Galvanisches Element oder Wimshurstscher Apparat erzeugen kann, die aber in seinem Fall in der Hirnrinde als Reaktion auf externe Stimuli ihren Urspung nehmen. Später steht er trübselig in der kalten Abenddämmerung auf einer Treppe und blickt auf den großen grauen, mit klassischen Säulen und Pilastern gezierten, gasbeleuchteten und kopfsteingepflasterten Innenhof der Universität. Lassen wir vielleicht noch einen kleinen Nebeldunst darin wehen, einen von den Edinburgher Kaminen braun eingefärbten und nach Rauch riechenden Meeresdunst vom Firth of Forth, der einen Opalheiligenschein um die Laternen legt, die Gestalten der Studenten gespenstergleich erscheinen läßt, wie sie einzeln und in Gruppen zum Tor hasten, und ihre Stimmen in der so verdickten Luft sehr deutlich hörbar macht.

»Gute Nacht, Charlie! Sehen wir uns später noch bei Manton?« schreit jemand.

»Mich bestimmt nicht. Ich bin völlig pleite«, antwortet ein anderer. Jamie hastet die Treppe hinunter und holt den letzten Sprecher, den er kennt, unter dem hohen Torbogen des Eingangs ein. Seite an Seite biegen sie in die Nicholson Street ein. Jamie fragt: »Wer ist Manton Jamieson?«

Wenn ich jemanden diese Frage beantworten lasse, so muß ich ihn auch beschreiben, denn Stevenson erschafft, genau wie die Natur und wie jeder gute Geschichtenerzähler, nie jemanden, der einen anderen Menschen informiert oder verändert, ohne diesem Jemand ein gleichermaßen volles Leben zu geben. Personen der Handlung, die nur äußerst kurz auftreten, sprechen für einen ganzen Berufsstand oder für ganze Gemeinschaften. Man denke nur an den Arzt in »Macbeth«, die Anstreicher in »Schuld und Sühne«, den wandernden Barbier am Anfang von »Kidnapped«. Wenn sie einen größeren Anteil an der Entwicklung der Ereignisse haben, betonen sie oft eine Obsession der Hauptperson dadurch, daß ihnen diese vollkommen abgeht, während sie der Hauptperson doch sonst gleichen: So hat Macduff den gleichen Rang, den gleichen Mut und die gleichen Aussichten auf den Königsthron wie Macbeth, aber weniger Ehrgeiz und eine sehr viel weniger ehrgeizige Frau; Raskolnikows bester Freund ist auch ein kluger Student in ärmlichen Verhältnissen, aber einer, der für sein Geld arbeitet und Bücher übersetzt, anstatt einen Pfandleiher umzubringen. Stevenson hat oft junge Männer so kontrastreich miteinander verbunden, weil junge Männer oft zu zweit durch die Welt gehen (ganz unabhängig von Stevensons eigenem dialektischem Denken), und weil ihn außerdem immer die Anfänge des Lebens mehr faszinierten als die mittleren und späteren Jahre. Da ich schon angedeutet habe, daß Charlie ein Kommilitone ist, der auch Geld im Glücksspiel verloren hat, werde ich ihn nun ein wenig ausbauen, wobei ich teilweise die Figur des Alan aus der Novelle »John Nicholson« und teilweise den Francie aus »Weir of Hermiston« zugrunde lege. Er ist eleganter und beliebter als Jamie, und sein Vormund gewährt ihm einen wesentlich großzügigeren monatlichen Wechsel, aber er hat das Geld bereits vergeudet und wird nun noch eine ganze Weile mittellos sein. Obwohl er in niemanden außer sich selbst verliebt ist, ist er sehr gern in Gesellschaft. Seit kurzer Zeit geht er seinen reichen und modisch eleganten Freunden aus dem Weg, denn er schuldet einigen von ihnen Geld. Er ist schlau genug, um zu wissen, daß die lässig überhebliche Art, die ihn diesen Leuten annehmbar macht, ihn denjenigen unerträglich machen würde, die er für minderwertiger hält. Obwohl Jamie nur ein sehr flüchtiger Bekannter ist, dessen Freundschaft er sonst eigentlich nicht pflegen würde, so ist er doch geneigt, ihn vorläufig als seinesgleichen zu behandeln. Er nimmt an, daß Jamies

Interesse an Manton die gleichen Gründe hat wie seines und auf dem natürlichsten Gefühl der Welt beruht: dem Interesse eines Außenstehenden an einer ganz bestimmten schillernden Elite. Es wird ihn in seinem verletzten Stolz ein wenig trösten, daß er Jamie über die große weite Welt der Mantons aufklären und ihn schließlich dort einführen kann.

Welcher mächtige Herrscher des Bösen kann nun also in dieser bedächtigen, überaus ehrbaren Handelsstadt des ausgehenden neunzehnten Jahrhunderts sein Regiment führen, wo sogar der religiöse Fanatismus nichts vermag, als nur dem abenteuerunlustigen Mittelmaß den Rücken zu stärken? Schottland hatte viele reiche Landbesitzer, die sich gleich wenig um Verluste im Glücksspiel wie um die Meinung der Bürger scherten, aber beinahe alle diese Herren hatten bereits vor einer Generation ihre Stadtresidenzen von Edinburgh nach London verlegt, und die Namen der wenigen noch Verbliebenen wären sicherlich einem Sohn aus einer gutsituierten Bürgerfamilie bekannt gewesen, ganz besonders, wenn sie die gleichen gesellschaftlichen Gepflogenheiten hatten wie der Prince of Wales. Zu Anfang der Geschichte hat Jamie aber noch nie von Manton Jamieson gehört. Trotz seines schottischen Familiennamens ist Manton ein reicher Neuankömmling. Lassen wir ihn Sohn eines kleinen Landadligen oder von gebildeten Handwerkern oder eine Mischung aus beidem sein. Nach dem frühen Tod seiner Eltern hat er ein wenig Geld geerbt, aber nicht genug für ein Offizierspatent oder eine Berufsausbildung. Er hat keine besonderen Begabungen, aber sehr viel Energie, Mut und praktisches Geschick. Also macht er sich damit auf in die Welt, wo immer ihm dieses Kapital den größten Gewinn einbringen möge. Er ist ein freundlicher, zäher, vorsichtiger Mensch, und was er macht, macht er gut. Viele Jahre hindurch verliert er immer wieder die angehäuften Gewinne, wenn er an einen neuen Ort zieht, von dem das Gerücht geht, daß dort noch bessere Möglichkeiten warten. Lassen wir ihn nun (obwohl das wirklich ein Klischee ist) in den Goldfeldern Kaliforniens große Geldberge anhäufen, nicht durch Schürfen, sondern dadurch, daß er den Goldwäschern ihren täglichen Bedarf verkauft. Lassen wir ihn dann damit nach San Francisco ziehen, wo er die Summe an der Börse noch vergrößert. Er wohnt bei der Witwe oder Mätresse eines verstorbenen reichen Freundes, heiratet sie vielleicht gar (das ist recht vage). Sie stirbt ebenfalls, hinterläßt ihm ihr Geld und macht ihn zum Vormund ihrer Tochter oder viel jüngeren Schwester – dies ist auch recht vage. Und nun wird er langsam der Stadt San Francisco überdrüssig. Ein Grund für sein rastloses Umherreisen war immer der geheime Wunsch nach einer herausragenden gesellschaftlichen Stellung gewesen. Er weiß, daß er sich unter den Millionären von Nob Hill niemals glänzend behaupten wird, denn deren verschwenderische Ausgaben würden ihn sofort in den Ruin treiben; sie kommen ihm außerdem kindisch und hysterisch vor. Er ist nun beinahe fünfzig, und weil er zu keinem anderen Ort feste Bande geknüpft hat, werden ihm die Erinnerungen an seinen Geburtsort immer teurer. Er beschließt, dorthin zurückzukehren. Das ist ein Fehler.

Seit den Tagen des Dick Wittington taucht der aus dem Exil Heimkehrende, den seine in der Fremde erlebten Abenteuer verändert haben, in volkstümlichen Romanen genauso oft auf wie in den Geschichtsbüchern. Und oft ist der Heimkehrer im Roman schärfer gezeichnet. Seine frühesten Anstrengungen werden in »Robinson Crusoe« beschrieben und in »Gulliver's Travels« parodiert. Er taucht in Gaskells »Cranford« unerwartet wieder auf, um seine vornehme alte Tante davor zu bewahren, daß sie in einem Bonbonladen arbeiten muß, und in Galts »The Member«

setzt er ganz unbekümmert das Vermögen, das er in Indien angehäuft hat, dazu ein, mit Hilfe der korrupten britischen Politik ein zweites hinzuzugewinnen. Plötzlich, zur Zeit von Dickens, verflüchtigt sich aber seine fröhliche jugendliche Frische so ziemlich. In »Little Dorrit« wird er von einer lieblosen Mutter nach China geschickt und kehrt nach Jahren der Fron als kleiner Schreiber in ein Land zurück, das von geldgierigen Vermietern, gewissenlosen Beamten, käuflichen Aristokraten und zweifelhaften Kapitalisten regiert wird. In »Great Expectations« läßt ihn eine repressive Regierung nach Australien deportieren, und er kehrt nach Jahren harter Knochenarbeit in ein Land zurück, wo er als Verbrecher gejagt wird und denjenigen, denen er zu Reichtum verholfen hat, nur eine peinliche Last ist. Zu Stevensons Zeit waren Geschichten über wohlhabende, ziemlich spießige Bürger, über die wie ein Schock eine gefährlich un-britische Vergangenheit hereinbricht, nichts Außergewöhnliches mehr. Derlei Erzählungen waren plausibel, denn, obwohl die Spielregeln der gesellschaftlichen Mittelschicht noch starrer und einengender geworden waren, so wimmelte es doch in dieser Mittelschicht vor betuchten Abenteurern, die sich diese Konventionen zu eigen gemacht hatten. Manton kann sie sich nicht zu eigen machen, weil er sie nie gelernt hat. Wie bei allen aus dem Exil Heimgekehrten ist seine Erinnerung an das Heimatland völlig veraltet. Im Edinburgh seiner Jugend gaben noch liberal denkende, großzügig trinkende Rechtsanwälte und die Überreste des Landadels den Ton an, dort konversierte man noch in jener volkstümlichen Sprache des Tieflandes, die einst die Sprache schottischer Könige gewesen war. Manton ist sich immer sicher gewesen, daß ihn nur seine Armut aus diesen Kreisen ausgeschlossen hatte. Seine Vorstellung von einem guten Leben ist, überall dort zu dinieren, zu trinken und Konversation zu pflegen, wo seine große Lebenserfahrung ihm Aufmerksamkeit sichert, danach vielleicht ein wenig dem Glücksspiel zu frönen, wo ihm seine größere Geschicklichkeit von Nutzen sein wird. Er weiß, daß viele tausend Menschen letzterem angenehmem Zeitvertreib frönen: in Paris, in den Bädern Deutschlands und in St. Petersburg. Aber nun muß er feststellen, daß dieser Zeitvertreib in Großbritannien illegal ist und daß man ihn in Edinburgh für töricht und verderbt hält, in einer Stadt, deren gesellschaftliche Größen miteinander in ihrer Zugehörigkeit zu rivalisierenden presbyterianischen Kirchen wetteifern. Manton ist kein Kirchgänger, und seine gesellschaftlichen Aussichten schwinden noch mehr, als er eine junge Dame als »mein Mündel, Miss Juliette O'Sullivan, die Tochter einer sehr lieben Freundin« vorstellt. Er überwacht eifersüchtig all ihre Bewegungen, schweigt sich aber (genau wie sie) über ihre Heiratsaussichten aus. Bei einem solchen Mann und in einer Zeit, in der die Heirat die einzige Zukunftsaussicht für ein ehrbares Mädchen darstellt, läßt sich daraus schließen, daß sie entweder seine Mätresse oder seine uneheliche Tochter ist. Nur verwegene Junggesellen, wandernde Mitglieder der Theaterzunft und wider den Stachel löckende junge Männer in Jamies Alter statten The Grange ihren Besuch ab. Manton ist gezwungen, seine Vorstellung von der eigenen gesellschaftlichen Wichtigkeit dadurch zu nähren, daß er Universitätsstudenten seine eigenen, leicht vulgären Vorstellungen vom korrekten Gebaren eines Gentleman näherbringt.

Die oberflächlichen Fakten hierzu erfährt Jamie von Charlie schon während des Spaziergangs durch die Nicholson Street nach Süden, während ihr Atem die Nebelschwaden noch mit Wölkchen von weißerer Dichte anreichert. Jamie erfährt nur wenig mehr als das, was er schon vermutet hatte, aber Charlies Spekulationen über die Stellung der jungen Frau in diesem Haushalt erfüllen ihn mit einer merkwürdigen, fiebrigen Erregung. Er bleibt stehen und fragt: »Kannst du mich dorthin mitnehmen?«

»Nichts leichter als das«, erwidert Charlie. »Manton würde dich mögen. Das Vertrackte ist nur, daß ich im Augenblick keinen müden Heller habe. Nicht daß Spielen in The Grange Pflicht wäre, aber es gehört sich einfach so. Wir bekommen soviel Champagner, wie wir wollen, und da ist es nur anständig, daß zumindest einer von uns ein bißchen was im Spiel riskiert. Wieviel hast du denn?«

»Nichts!« ruft Jamie aus und starrt ihn an.

»Nicht einmal eine Uhr?«

Jamie zögert, zieht dann eine Uhr unter dem Mantel hervor und reicht sie ihm. Charlie läßt den silbernen Uhrdeckel aufschnappen und führt sie mit der professionellen Fachkenntnis eines Pfandleihers ans Auge. Er meint: »Das ist eine gute Uhr – dafür können wir ein stattliches Sümmchen bekommen. Soll ich dir sagen, wo?«

Und eine Stunde später werden sie mit klingender Münze in den Taschen von Manton in The Grange empfangen.

Er ist ein ruhiger, massiger Mann mit unaufdringlich aufmerksamem Gebaren. Mit seinen ziemlich schmalen Augen unter den schweren Lidern, dem buschigen, akkurat geschnittenen Backenbart, dem halb von einem ordentlich gebürsteten Schnurrbart verdeckten Mund drückt er eine gewisse Belustigung aus, ohne wirklich zu lächeln. Ich ziehe hier ein wenig Edward, Prince of Wales, als Vorbild heran, den Stevenson immerhin interessant genug fand, um ihn auf zweierlei Art zu parodieren, einmal als glücklosen Helden in »John Nicholson« und dann als Prinz Florizel von Böhmen in »The New Arabian Nights«. Deswegen lasse ich Manton auch Baccarat spielen, wenn die jungen Männer ankommen – Roulette ist für den späteren Abend vorbehalten. Aber zuerst stellt er Jamie noch jemanden vor:

»Mein Mündel, Miss Juliette O'Sullivan, die Tochter einer sehr lieben Freundin.«

Die junge Frau betrachtet Jamie mit einem Gesichtsausdruck, der genauso gelassen ist wie der seine. Trägt sie das schwarze Samtkleid, an das er sich erinnert? Zu sehr überwältigen ihn wirbelnde Gefühle, als daß er es wahrnehmen könnte. Er will nur in ihr Gesicht starren und immer weiter starren, und deswegen versucht er, sie möglichst gar nicht anzusehen, verbeugt sich tief und wendet sich wieder Manton zu. Er hört sie »Guten Abend« murmeln und Alan etwas lauter und freundlicher begrüßen: »Wie schön, Sie wieder einmal hier bei uns zu sehen, Mr. Gemmel«. Er ist froh, daß sie die Kunst der Täuschung beherrscht. Sie ist die einzige Frau im Haus und bekleidet gegenüber denjenigen, die gerade nicht Karten spielen, die Rolle der Gastgeberin. Jamie steht da und beobachtet alles, erreicht durch eine unmerkliche Drehung seines Kopfes, daß er sie immer aus dem Augenwinkel im Blickfeld hat. Das ist recht leicht, denn das Kleid, das sie trägt, soviel hat er inzwischen gesehen, ist aus weißem Satin. Er ist nicht eifersüchtig auf die Männer, mit denen sie sich unterhält, denn die können sie ja nicht so intim kennen wie er, und er ist sicher, daß sie sich seiner Anwesenheit so sehr bewußt ist wie er sich der ihren. Inzwischen beobachtet er das Baccaratspiel, das er bisher nicht kannte. Es ist eine Form des Spiels, das man heutzutage als Pontoon oder Blackjack kennt. Manton als Gastgeber und Reichster unter den Anwesenden hält natürlich die Bank. Charlie spielt mit, gewinnt ein bißchen, verliert dann ein bißchen, gewinnt mehr, dann viel mehr und verliert schließlich alles. Charlie schlägt vor, daß Jamie seinen Platz am Spieltisch übernehmen soll. Jamie weigert sich, gibt Charlie aber Geld, damit der für ihn spielt. Während einer Spielpause geht Juliette zum Klavier und begleitet sich selbst zu einem Lied. Sie hat keine große

Stimme, aber sie klingt süß und tapfer. Sie ist klug genug, ihre Stimme nicht über den normalen Umfang hinaus zu forcieren. Würde Jamie ihr aufmerksam zuhören, so würde sie ihn zu Tränen rühren. Also steht er nur neben seinem Gastgeber am Kamin, denn von Manton muß er die junge Frau ja erringen. Mantons Gesprächsstil ist unterhaltsam, anekdotenreich und in Jahren des Gebrauchs geschliffen. Das etwas derbere Element ist nicht allzu betont. Er stellt sich selbst als Zuschauer oder Opfer, nicht so sehr als Urheber merkwürdiger Ereignisse dar und scheint genauso bereit zum Zuhören wie zum Sprechen. Durch beiläufige Fragen und einen unbeweglichen, aufmerksamen Gesichtsausdruck entlockt er den jungen Männern Äußerungen über ihre Familien, über ihre Erfahrungen an der Universität, ihre Hoffnungen und Meinungen; aber Jamie kann er nur sehr wenig entlocken. Jamie merkt, daß Manton ihn herablassend behandelt. Das gefällt ihm gar nicht. Aber er betrachtet Manton trotzdem ebenso aufmerksam wie das Kartenspiel, und zwar aus dem gleichen Grund: Er möchte ihn besiegen. Er bemerkt also etwas, das den wenigsten bei ihrem ersten Besuch in The Grange auffällt: Ob er spielt oder sich unterhält, Mantons Gedanken sind stets nur zur Hälfte mit der unmittelbaren Gesellschaft befaßt. Während er und Jamie Seite an Seite mit dem Rücken zum Kamin stehen, blicken beide mit einem halben Auge auf die weiße Gestalt am anderen Ende des Raumes. Und Manton ist sich ihrer weniger sicher als Jamie! Dieser Gedanke erfüllt den jungen Mann mit einem schwindelerregenden Vorgeschmack auf seinen Sieg. Das Glücksspiel wird wieder aufgenommen. Immer noch schaut Jamie zu, aber mit größerem Verständnis, und ganz plötzlich entspringt in seinem eng begrenzten, höchst angeregten, emsig suchenden Verstand ein Plan, ein Komplott, das alles: ihn, die junge Frau, The Grange, Manton, das Kartenspiel, die winzigen Zahlungen seines Vaters und sogar Charlie in einem einzigen Eroberungsfeldzug zusammenführen wird. Den ganzen Abend hindurch hat Jamie (wie Manton) fast nichts getrunken. Der leicht beschwipste Charlie ist gerade im Begriff, das letzte Geld in einem neuen Spiel zu setzen. Jamie legt ihm fest die Hand auf die Schulter und sagt: »Wir müssen jetzt gehen.«

Er tritt auf die Gastgeberin zu und sagt: »Gute Nacht, Miss O'Sullivan«, und ist nun verwegen genug, ihr einmal fest in die Augen zu sehen. Sie wendet ihm das strahlende Lächeln zu, das sie gerade jemand anderem geschenkt hat, wünscht ihm eine gute Nacht und wendet sich ab. Sie verstört ihn mit ihren schauspielerischen Fähigkeiten zutiefst. Manton, der sich vielleicht durch die ungeteilte Aufmerksamkeit dieses schweigsamen Gastes geschmeichelt fühlt, geleitet die beiden jungen Männer zu Tür, spricht Charlie fröhlich sein Beileid über die Pechsträhne aus und lädt die beiden jungen Männer wieder ein, wobei er besonders Jamie aufmunternd zunickt.

Die kalte Nachtluft ernüchtert Charlie ein wenig. Er sagt düster: »So schnell komme ich nicht wieder hierher. Es ist noch beinahe ein Monat, bis ich meinen nächsten Wechsel bekomme, und mein schrecklicher Vormund gibt mir bestimmt nicht schon wieder einen Vorschuß. Du spazierst neben einem völlig verzweifelten Mann, Kirkwood. Du hast weise gehandelt, als du mich davongeschleift hast. Gewöhnlich bleibe ich bis zum bitteren Ende, wegen Juliette, weißt du, wegen der wunderschönen Miss Juliette O'Sullivan. Aber da kann ich gleich jede Hoffnung fahren lassen. Was hältst du von ihr, Kirkwood? Ist sie nicht zum Sterben schön?«

Jamie findet diese Bemerkungen schamlos. Er hält seine Hand mit der Handfläche nach oben auf, und mit einem tiefen Seufzer legt Charlie den letzten Sovereign hinein und sagt: »Tut mir leid, daß ich nicht mehr für dich tun konnte. Aber das Glück war heute nicht auf meiner Seite.«

»Glück gibt es nicht«, sagt Jamie bestimmt. »Glück ist ein unsinniger Aberglaube. Du hast gegen Manton verloren wie alle anderen auch, weil er geschickt spielt und ihr Idioten seid.«

In Charlie steigt die Wut hoch, aber das kleine Lächeln, das ihm Jamie zuwirft, entmutigt ihn. Er fragt: »Hättest du es denn besser gemacht?«

»Natürlich nicht, deswegen habe ich nicht gespielt. Wenn ich je wieder dort hingehe, Charlie – wenn ich je wieder dort hingehe, Charlie – dann spielen wir und gewinnen, weil wir inzwischen bessere Spieler geworden sind als Manton.«

»Wie?«

»Lernen und Üben. Üben und Lernen. Es gibt doch Bücher über Kartenspiele, oder nicht? Bücher von verläßlichen Experten?«

»Na ja, Cavendish soll ziemlich gut sein, und zwei, drei französische Leute.«

»Dann arbeiten wir mit denen. Ein Monat könnte gerade reichen, wenn wir uns ernsthaft dransetzen. Schließlich weißt du ja nichts Besseres mit deiner Zeit anzufangen.«

Am nächsten Morgen sagte Jamie beim Frühstück zu seinem Vater: »Ich möchte um einen Gefallen bitten, Sir. Ich glaube, daß ich bei meinen Studien besser vorankomme, wenn ich mit einem Kommilitonen und Freund zusammen lerne, mit Charlie Gemmel. Da dieses Haus ruhiger ist als sein Studentenzimmer, möchten wir an den meisten Abenden in der abgeschiedenen Ruhe meines Zimmers arbeiten. Hättest du etwas dagegen, wenn er vorher mit uns hier zu Abend ißt?«

Reverend Dr. Kirkwood betrachtet seinen Sohn eine Weile. Jamies Gesicht ist von glühender Röte überzogen.

Der Vater sagt mit ruhiger Stimme: »Ich habe keinerlei Einwände.«

Also sperrt sich Jamie jeden Abend und den größten Teil des Wochenendes mit Charlie in sein Zimmer ein, das dem *ihren* so sehr gleicht und doch nicht gleicht. An dem der Tür zugewandten Ende eines kleinen Tisches türmen sie eine Barrikade aus medizinischen Fachbüchern auf, die hoch genug ist, um einen Stapel Karten und das Werk von Cavendish über Glücksspiele zu verbergen (Dies ist nur ein aus schlechtem Gewissen geborenes Ritual, denn der Reverend Dr. Kirkwood ist kein Mann, der ohne vorherige Ankündigung in das Zimmer seines Sohnes eindringen würde.) Die beiden spielen eine Partie nach der anderen, unterweisen einander bis ins kleinste Detail im Katechismus des Cavendish zu Fragen der Strategie, vergraben sich auch manchmal in ein ausländisches Werk, das andere Taktiken angibt und unter dem Vorwand der Warnung aufs genaueste die Techniken des Falschspiels erläutert. Aber in diesem Stadium hat Jamie weder die Absicht, falsch zu spielen, noch verdächtigt er Manton. Er strebt eine ganz und gar konventionelle Beherrschung des Spiels an. Seine Besessenheit von der jungen Frau und vom Glücksspiel sind ihm nun ein und dasselbe. Jede Karte, die er austeilt oder aufhebt, scheint ihn mit ihr in Verbindung zu bringen, nach jedem kleinen Sieg fühlt er sich ihr näher. Charlie, dem dieser erotische Antrieb fehlt, ist oft erschöpft, weniger vom Spiel selbst als von den komplizierten Nachbesprechungen, die unweigerlich folgen. Er kratzt sich traurig am Kopf und ruft: »Wir hätten schon bald unser Examen, wenn wir unser Medizinstudium mit der gleichen Energie angingen.«

Jamie lächelt und mischt die Karten. »Du bist müde, Gemmel. Diesmal hältst du die Bank.«

Und so wird Charlie ebenfalls zum besessenen Spieler.

Das Pfarrhaus bietet ihm eine gute Zuflucht vor den Gläubigern und vor der Verantwortung. Das Essen ist gut zubereitet, gut angerichtet und kostet nichts. Sein gesellschaftliches Leben beschränkt sich nur noch auf das Kartenspiel mit Jamie. Wir können ja auf beinahe jede Aktivität süchtig werden, wenn wir sie nur weit über das gesunde Maß hinaus steigern: Es haben sich schon Leute an Wasser zu Tode gesoffen, der Magersüchtige findet den Hunger berauschend, einige der am schlimmsten Geschundenen lernen sogar den Schmerz willkommen heißen. Die Freiheit, schneller auf den Tod zuzupreschen, als das unsere Körper oder die Gesellschaft verlangen würden, ist das Wesen jeglicher perverser Befriedigung, das Glücksspiel eingeschlossen. Unter den gegebenen Umständen *muß* Charlie einfach süchtig auf das Kartenspiel werden, wenn auch nicht so schlimm wie Jamie. Wenn Jamie nicht in seinem Zimmer ist, spielt er im Kopf weiter. Er erscheint in der Gesellschaft des Vaters nicht mehr trotzig schweigsam oder unruhig, sondern gedankenverloren und bedächtig. Seine Schritte sind bestimmt, sein Gebaren gefaßt, und obwohl er soviel ißt wie früher, ist er magerer geworden. Nie geht er mehr in Kneipen, Billardhallen oder Wettbüros. Er hortet sein gesamtes Unterhaltsgeld für das entscheidende Spiel gegen Manton.

Eines Tages findet er auf der Schreibtischkante im Studierzimmer, wo gewöhnlich ein Häufchen Florins auf ihn wartet, die gleiche Anzahl von Guineas. Er starrt seinen Vater mit weit aufgerissenem Mund an. Der ältere Kirkwood erklärt: »Ich gebe dir mehr, Jamie, weil du mehr verdienst. Vor einer Weile hast du mich um eine Summe gebeten, die für den Sohn eines Gentleman angemessen gewesen wäre, hast mir aber gleichzeitig versichert, daß du sie nicht so auszugeben gedachtest, wie es sich für einen Gentleman ziemt. Du hast dich seither sehr geändert, Jamie! Wenn ich dich heute anschaue, sehe ich keinen gewöhnlichen, undankbaren jungen Tagedieb mehr vor mir, ich sehe einen Mann, der entschlossen ist, in der Welt seinen Weg zu machen, einen Mann, dem ich Vertrauen schenken kann.«

Jamie starrt ihn immer noch an. Sein Vater lächelt ihm mit einem flüchtigen Ausdruck echten Stolzes und wahrer Anerkennung zu, und Jamie überkommt ein verzweifeltes Gefühl von Verlust. Dies ist der erste Beweis, den er je für die Liebe seines Vaters bekommen hat. Er erinnert sich daran, daß er einmal ein Mensch war, der sich nach einem solchen Beweis sehnte und den dieser Beweis völlig umgekrempelt hätte. Dieser Mensch existiert nicht mehr. Jamie würde gern um ihn weinen wie um einen toten Bruder und auch lauthals über das gute Geld lachen, das er verdient hat, ja, verdient hat: mit seiner Liebe zu einer Frau und seiner Hingabe an ein Spiel, das sein Vater zutiefst verabscheuen würde. Er seufzt, flüstert »Danke sehr, Sir«, nimmt die Guineas und verläßt das Zimmer.

Für mich ist das der Höhepunkt der Geschichte. Die folgende Katastrophe läßt sich in einer schnellen, knappen Skizze umreißen.

An jenem Abend oder am nächsten begreift Jamie plötzlich das Wesen des Baccarat, das Cavendish so klar erläutert. Es ist nur teilweise ein Spiel, in dem es auf Geschicklichkeit ankommt – jeder, der das System von Cavendish benutzt, kann es so gut spielen, wie es eben geht, aber wie beim Roulette begünstigt die Wahrscheinlichkeit immer den Bankhalter: Der hat das meiste Geld und folglich das größte Durchhaltevermögen. Mantons überlegene Geschicklichkeit hält ihn in einem Spiel in führender Stellung, das ohnehin schon zu seinen Gunsten gewichtet ist. Natürlich kann man die Bank durch Glückssträhnen brechen, aber nur sehr selten. Jamie weiß, daß das Schicksal, das ihn mit Juliette bekannt gemacht hat, ihm nicht zur Heirat mit ihr verhelfen wird. Voller Wut, Schrecken und schließlich Resignation erkennt er, daß er betrügen muß, um dann mit Geschick zu gewinnen. Er hat Charlie nun völlig in der Hand. Sie entwerfen und proben Geheimzeichen, die ihnen undurchschaubar scheinen. Sie sind es aber nicht. Die beiden beschließen, alles, was sie haben, in einem einzigen Spiel zu setzen: Charlies Wechsel für das nächste Vierteljahr, Jamies gehortetes Taschengeld und Geld, das sie zu Wucherzinsen bei einem Geldverleiher geborgt haben. Ich stelle mir einen Abend in The Grange vor, in dessen Verlauf sich allmählich alle Anwesenden um den Spieltisch scharen, um das Spiel zwischen Jamie und dem immer grimmiger dreinblickenden Manton zu beobachten. Kurz bevor oder kurz nachdem Jamie die Bank sprengt, deckt die junge Frau seinen Betrug auf; sie ist auf jede nur erdenkliche Weise Mantons Komplizin und Stütze gewesen. Wir haben keinen Grund zu der Annahme, daß sie je Interesse an Jamie empfunden hat. Vielleicht war er kein besonders einnehmender junger Mann.

Selbstporträt

10.30 Uhr morgens, am Montag, dem 18. Mai 1987

Laut Geburtsurkunde bin ich 52 Jahre, 167 Tage und 40 Minuten alt. Laut Paß bin ich 1 Meter 74 oder 5 Fuß und 9 ¼ Zoll groß. Laut Waage auf der Toilette wiege ich inklusive Socken, Leibchen, Unterhose, Bademantel, Kassenbrille und Gebiß (oben) 13 Stone und 7 britische Pfund oder 85,7 Kilogramm: Aus all dem würde ein Arzt schließen, daß ich nicht gerade bei bester Gesundheit bin. Ich habe die mageren, muskulösen Beine und den kleinen Hintern des raschen Fußgängers, aber den prallen Schmerbauch des starken Trinkers, die fleischigen, ein wenig zu weit zu den Ohren hochgezogenen Schultern des zum Bronchialasthma Tendierenden. Mein Nacken ist breit; Hände, Füße und Genitalien sind klein; das Kinn ist stark und doppelt ausgebildet, wenn auch die Unterseite noch nicht übermäßig hängt; der Schnurrbart ist von der Farbe hellen Sandes; die gerade Nase ist einziges Überbleibsel aus einer Zeit, als ich noch am ganzen Körper dünn war; die Augen sind klein und tiefliegend, die Iris ist blau-grau; die Stirn ist gerade und noch nicht von tiefen Falten durchzogen; das Kopfhaar spielt von nichtssagendem Braun in ein nichtssagendes Grau und wird jenseits eines leicht ausgedünnten Haaransatzes etwas lichter. Im Ruhezustand ist mein Gesichtsausdruck so trübfinster wie der der meisten Erwachsenen. Im Gespräch wird er lebhaft und freundlich, vielleicht etwas zu freundlich. Ich lege gewöhnlich das übereifrige Benehmen eines Menschen an den Tag, der fürchtet, nicht gemocht zu werden. Wenn ich frei spreche, lache ich oft und laut, ohne mir dessen bewußt zu sein. Meine Stimme (das schließe ich aus Tonbandaufzeichnungen) ist von Natur aus schnell und hell, wird aber bestimmt und durchdringend, wenn sie klare Gedanken ausspricht oder Erinnerungen beschreibt; ansonsten stottert und zögert sie viel, weil ich meist über die Wörter nachdenke, während ich sie benutze, und sie stets zu verbessern und zu korrigieren trachte. Wenn ich merke, daß ich im Begriff bin, etwas besonders Aalglattes, Naives, Schwülstiges, etwas allzu Gelehrtes, allzu Optimistisches oder allzu wahnwitzig Schreckliches zu sagen, dann versuche ich, möglicher Kritik dadurch die Spitze zu nehmen, daß ich von meinem mittelschottischen Akzent auf ein nachgemachtes Cockney, Irisch oder Oxfordenglisch, auf einen gefälschten deutschen oder amerikanischen Akzent oder gar einen anderen schottischen Dialekt umschalte.

Im Augenblick sitze ich auf einem niedrigen, bequemen Stuhl in dem Zimmer, wo sich der größte Teil meines Arbeitens und Schlafens abspielt. Ich trage die bereits oben erwähnten Socken, Leibchen und so weiter, und ich werde gerade von Michael Knowles, Magister der Künste, einem ruhigen englischen, in Edinburgh lebenden Künstler gemalt, der hofft, das Porträt an das Royal Scottish Museum verkaufen zu können. Der Gedanke, auf diese Weise zu einem Gegenstand mit einer leblosen öffentlichen Persona zu werden, freut und schreckt mich, aber offensichtlich freut er mich mehr, als er mich schreckt, denn hier sitze ich nun und balsamiere mich auch noch mit Worten ein, die für die Selbstporträts der Saltire Society gedacht sind, und Mr. Knowles malt mich dabei. Ich hatte ursprünglich geplant, etwas weniger plattfüßig und kraß anzufangen, mit irgendeiner Binsenwahrheit, die mir jedermann abnehmen würde, einer in Reimform verfaßten Binsenweisheit, damit sie originell wirkte. Dann wollte ich einen raffinierten Schwenk zu einem Bericht über die Menschen folgen lassen, die mich hervorgebracht haben. Dazu wollte ich alte Urkunden und Erinnerungen heranziehen, aber hauptsächlich einige Seiten, in denen mein Vater einmal seine frühen Jahre in Bridgeton beschrieben hat. Ich habe diese Seiten gerade erst noch einmal durchgelesen, vor einer Stunde, als Mr. Knowles kam. Ich habe sie weggelegt, wir haben die Möbel so umgestellt, daß das Licht vom Fenster zu gleichen Teilen auf mich und auf die Leinwand fällt, und dann waren die Seiten auf einmal nicht mehr aufzufinden, obwohl wir an allen Orten nach ihnen wühlten, die mir einfielen, und auch noch an ein paar anderen, wo sie unmöglich sein konnten. Diese Gewohnheit, schlau und beinahe beiläufig Gegenstände, an denen mir viel lag, vor mir selbst zu verstecken, hat mich von Kindheit an vieler Dinge beraubt, manchmal auf Dauer: Geld, Fahrkarten, nützliche Werkzeuge, Schlüssel, Gemälde, Notizbücher, Manuskripte und Gerätschaften, die mir bei schlimmen Asthma-Anfällen das Atmen erleichtern sollten. Ein Psychiater hat einmal vermutet, daß dieser Verlust in meinem verborgenen Wunsch begründet liegt, Aufsehen auf mich zu ziehen und von den Menschen in meiner näheren Umgebung Liebesbeweise zu erheischen. Das bezweifle ich. Ich habe mir derlei Mißgeschicke oft auch dann zugefügt, wenn niemand in der Nähe war und es niemand merkte. Der Grund ist ganz gewiß jener heimliche Hunger auf Katastrophen, den Edgar Alan Poe »Kobold des Perversen« nennt und mit Alkoholismus, unerklärlichen Schwindelanfällen und krankhaftem Zaudern in Verbindung bringt. Der späte Freud nennt ihn vielleicht ein wenig zu sehr verallgemeinernd »Todeswunsch«. Bisher hat mir dieser Wunsch keinen dauerhaften Schaden zugefügt. Vielleicht liegt der Grund für diesen leicht mangelhaften Umgang mit festkörperlichen äußeren Wirklichkeiten nicht in einem unbewußten Wollen, sondern in einem übermäßigen Nachsinnen über geistige Innereien. Irgendwann finde ich die verlorenen Seiten bestimmt wieder (denn mit Sicherheit liegen sie in Reichweite meines Armes), und dann benutze ich sie dazu, diesem ansonsten sehr selbstgefälligen Stück Prosa ein Quentchen Würde zu verleihen.

Und inzwischen: Was ist mein Sinn und Ziel? Wozu lebt dieser ganz gewöhnlich aussehende, sich exzentrisch anhörende Mensch, der offensichtlich bessere Tage gesehen hat, außer um zu essen, zu trinken, für sich Reklame zu machen, immer dicker und älter zu werden und schließlich zu sterben? Sterne, Kräuter und Kühe existieren ohne tieferen Grund, sie passen sich ins Universum ein, wo immer sie auftauchen, ohne dazu eine Sprache zu benötigen, die sie formt, aber ein gerade geborenes Menschlein hat keine vorhersehbare Form. Es entwickelt sich zu einer chinesischen Hausfrau, einem Steinzeitjäger, einem arbeitslosen KFZ-Mechaniker oder Ludwig van Beethoven, durch den Druck, den ein sich ständig wandelndes *Wann* und *Wo* auf ein einzigartiges, aber stets reifendes oder verrottendes Bündel von Wesenszügen ausübt: auf Wesenszüge, die miteinander verwoben werden durch das schmerzlich bewußte Bedürfnis, einerseits völlig unverändert zu bleiben und sich andererseits doch höchst individuell auszubilden. Dieses Bedürfnis gebiert Gedanken, Künste, Wissenschaften, Gesetze und Unmengen von Entschuldigungen, denn einer unserer Wesenszüge ist die Schwatzhaftigkeit. Sogar im Schlaf sprechen wir noch wortlos mit uns selbst. Wozu bist du also hier, Gray?

Im Augenblick weiß ich es nicht. Bis vor ein paar Jahren wollte ich noch Geschichten und Bilder herstellen. Während ich schrieb oder malte, vergaß ich mich selbst so vollkommen, daß ich nicht anders sein wollte. Ich hatte das Gefühl, dem Tode gewachsen zu sein.

*Wir leben hier, haben gelebt und werden hier sterben
wie Millionen vor uns, die lebten und bald schon
  vergessen sind,
mit Gesichtern und Herzen, die wir uns zu wahren
  bemühen,
bis wir im Schlaf uns einrollen für immer oder verwest
  sind,
und meist noch, ehe wir sterben, vererben wir unser
  Blut an Sohn oder Tochter,
und wenn dann die Knochen der Kinder schon lange
  vergehen, bleibt nichts,
nicht einmal Erinnerung – in Stein gemeißelte Namen
  vielleicht:
ansonsten bilden wir eine endlose Reihe, sind so ge-
  staltlos wie Wasser*

es sei denn, wir schaffen den Sprung in ein unvergängliches Bild oder ein reproduzierbares Wortgewebe. Aber der nützlichsten und notwendigsten und typischsten Menschen wird selten gedacht in Kunst und Geschichtsschreibung; die buhlen um die Reichen, die Verheerer, die Exzentriker, und über alles lieben sie jene Monstren, die nur eine einzige Fähigkeit besitzen, eine einzige Gier, die so angeschwollen ist, daß diese Menschen wie eine pure Verkörperung dieser Eigenschaft erscheinen – so entstehen unsere Helden und Götter. Ich habe versucht, überzeugende Geschichten zu erzählen, indem ich Stücke meiner selbst und Stücke von Leuten, die ich kannte, in sie hineinkopierte und dann so beschnitt und verzerrte und zusammenfügte, wie es meine Phantasie und das Beispiel anderer Geschichtenerzähler mir eingaben, denn ich wollte meine Leser amüsieren. Also enthalten meine Geschichten Monster. Ich will sie deswegen nicht schlechtmachen, aber ich habe einfach keine Ideen für neue mehr. Ist es mir vielleicht auch möglich, meine Leser mit einigen unverzerrten Tatsachen zu unterhalten, aus denen die Geschichten entstanden sind?

In den frühen Jahren des letzten Jahrhunderts zeugte ein schottischer Schafhirte, dessen Vorname nicht überliefert ist, William Gray, einen Schuster; der zeugte Alexander Gray, einen Schmied in Bridgeton im Osten Glasgows, wo sich damals die Eisengießereien, Töpfereien und Webereien nur so drängten. Und Alexander Gray heiratete Jeanie Stevenson, Maschinenweberin und Bergmannstochter, die ihm Hausfrau wurde und einen weiteren Alexander gebar, der Schreiber an einer Brückenwaage in den Docks von Glasgow wurde, dann Gefreiter im Black Watch Regiment in Frankreich, dann Sergeant Quartiermeister daselbst, und der dann eine Maschine bediente, die in einer Fabrik in Bridgeton Pappschachtaln ausstanzte, ehe wieder ein Weltkrieg begann. Während einiges hiervon sich begab, gebar Hannah, die Frau eines Northhamptoner Barbiers mit Namen William Fleming ihren Sohn Henry Fleming, der Vorarbeiter in einer Stiefelfabrik wurde und dann Emma Minnie Needham heiratete. Henry, dessen Spitzname Harry war, war auch Gewerkschaftler, und die Bosse setzten seinen Namen auf eine Liste von Männern, die in englischen Fabriken keine Arbeit mehr bekommen sollten. Er und Minnie kamen nach Glasgow, wo sie Amy Fleming gebar, die zunächst Kleiderverkäuferin in einem Warenhaus wurde, ehe sie Alex Gray, den Pappschachtelmacher, heiratete und ihm den Haushalt führte. Sie und Alex lebten in Riddrie, einer von der Glasgower Stadtverwaltung gebauten Siedlung, wo sie Alasdair James Gray gebar, den späteren Schöpfer von Phantasiegebilden, und Mora Jean Gray, die Turn- und Tanzlehrerin in Aberdeen wurde und Bert Rolley aus Portsmouth heiratete, einen Chemiker, der verschmutztes Wasser analysiert. Alasdair

Gray heiratete Inge Sorensen, Krankenschwester in einem Edinburgher Krankenhaus, und machte sie so zu seiner Frau, die ihm in Glasgow den Haushalt führte, wenn auch nur für neun Jahre; und sie gebar Andrew Gray, der Leutnant in einem Stützpunkt der Royal Air Force bei Inverness wurde. Aber lange bevor Mora und Alasdair sich verheirateten, waren längst all die emsigen Arbeiter, die ihnen in dieser überbevölkerten kleinen Geschichte vorangegangen, gestorben, außer ihrem Vater Alexander. Nachdem er 21 Jahre lang Pappe gestanzt hatte, wurde er Leiter eines Wohnheims für Munitionsarbeiter, dann Bauarbeiter, Gehaltsbuchhalter, beschwatzte schottische Hotelbesitzer, sich dem Scottish Tourist Board anzuschließen, sortierte an einem Fließband beschädigte Schokoladenkekse aus, wurde dann wiederum Gehaltsbuchhalter, Jugendherbergsvater und Vortragender beim schottischen Jugenherbergswerk, Wanderführer im Bergland von Schottland, England und Wales und schließlich Hausmann in einer netten kleinen Stadt mit Namen Alderley Edge in Cheshire, England, wo er einen Monat vor seinem sechsundsiebzigsten Jahr am vierten März 1973 starb.

Es folgen hier nun einige seiner frühesten Erinnerungen. Er tippte sie 1970 oder 1971 auf meine Bitte hin. Ich habe fünf Konjunktionen gestrichen, zwei Pronomen durch die Substantive ersetzt, für die sie standen, und drei Kommas und einen Punkt hinzugefügt. Sonst wurde nichts verändert.

Notizen zu meinem frühen Leben in Glasgow
von Alexander Gray

Mein Vater war das Produkt einer Zeit, als Kinder noch mit zehn Jahren von der Schule abgingen und dann zur See fuhren, um die Welt kennenzulernen. Er verdingte sich auf zwei Seereisen; auf einer bestand die Besatzung aus Männern, die man aus dem Barlinnie-Gefängnis freigelassen hatte, um das Segelschiff zu bemannen, auf der zweiten mußte das Schiff Cuba verlassen, weil inzwischen der Krieg mit den USA begonnen hatte. Beim Einlaufen in den heimatlichen Hafen machte ihn die Mannschaft betrunken (er war ein beliebter Schiffsjunge) und schleifte ihn nach Hause, wo seine Mutter ihn auf seiner Seekiste hockend vor der Tür vorfand, nachdem die Matrosen an die Tür geklopft hatten und weggerannt waren. Das war das Ende seiner Erziehung auf See.

Als mein Vater fünfundzwanzig Jahre alt war, muß er wohl schon Schmied gewesen sein. Er hatte bis dahin bereits zweimal die Strecke von Glasgow nach London zurückgelegt und dabei von einer Gelegenheitsarbeit zur anderen gewechselt, denn die Wanderschaft war seine Leidenschaft und Erholung. Er hatte geheiratet, bekam zwei Söhne, William und James, und danach starb seine Frau. Er heiratete wieder, und ich war sein dritter Sohn, von der zweiten Frau. Ich hatte auch eine Schwester, Agnes. Er starb 1921 im Alter von siebzig Jahren. Sein Großvater war Schäfer auf den Gütern des Earl of Home am Douglas Water gewesen. Sein Vater war ein erstklassiger Stiefelmacher, dessen Geschäft sich in der (heutigen) London Road befand, in der Nähe des Glasgow Cross.

Meine Mutter stammte aus einer Bergmannsfamilie in Wishaw. Ich hatte von beiden Seiten Onkel und Tanten, und unsere Besuche bei ihnen und ihre Besuche bei uns am Sonntagnachmittag oder -abend brachten ein wenig Abwechslung in unseren häuslichen Alltag, denn alle lebten so nah bei unserem Zuhause in Bridgeton, daß wir leicht zu Fuß oder mit der Straßenbahn zu ihnen gelangen konnten.

Meine frühesten Erinnerungen sind Erinnerungen an

unser Zimmer mit Küche in einer Seitenstraße der Main Street, Bridgeton, in einem schmutziggrauen Mietshaus mit drei Stockwerken. Meine Stiefbrüder schliefen im Zimmer, Vater und Mutter in der Küche. Agnes und ich schliefen in einem Bett, das am Tag unter dem Küchenbett verstaut und nachts herausgerollt wurde. Beleuchtet wurde das Haus mit Gas, das aus einem mit einem Winkel am Kaminsims befestigten, langen Rohr strömte, das sich so drehen ließ, wie es zum Lesen am günstigsten war. Das Licht war schlecht, und auch noch nicht von weißer Farbe, wie später, als man dann die Glühstrümpfe eingeführt hatte, zuerst die vertikalen und dann die kleinen, wie man sie auch heute noch in Propangaslampen verwendet. Der Kamin wurde mit Ofenschwärze glänzend gemacht, die Türgriffe und Feuereisen waren aus poliertem Stahl; es war meine wöchentliche Aufgabe, sie zu polieren, wie auch die ovalen Topfdeckel, die unter den Regalen mit dem Geschirr und den Töpfen an der Küchenwand hingen. Vor dem Küchenfenster war die Spüle mit dem Messing-Wasserrohr, aus dem das kalte Wasser kam – noch ein allwöchentlicher Polierauftrag.

Vater arbeitete in einer Eisengießerei, die etwa zehn Fußminuten von unserem Haus entfernt lag, zwischen Clyde Street und French Street. Damals fing die Arbeit um 6 Uhr morgens an. Gefrühstückt wurde etwa gegen 8 Uhr in einer Arbeitspause. Das Mittagessen gab es etwa um 1 Uhr, und Arbeitsschluß war gegen 6 Uhr abends. Vater nahm eine Tasse Tee und ein Butterbrot zu sich, ehe er zur Arbeit aufbrach, und kam zum Frühstück mit Haferbrei, einem Ei oder anderem »Küchenessen« (Gebratenes wie zum Beispiel Speck oder Wurst) nach Hause. Mittags gab es Suppe oder Brühe, Fleisch, Kartoffeln, Gemüse und danach Milchbrei oder Obst. Zum Abendessen gab es Brot, Toast, Scones, Käse und Tee, vor dem Zubettgehen noch einmal Haferbrei oder Erbswurstsuppe. Während der Schulferien aß Vater meist in der Eisengießerei zu Mittag, und ich trug ihm dann seine Suppe in einem Henkelmann hin, und das Hauptgericht auf Tellern, die in ein Handtuch geknotet waren. In der Gießerei durfte ich die Bälge bewegen, bis das Feuer hell aufloderte. Manchmal schaute ich über den Holzzaun nach Auld Shawfield hinüber, zum Fußballplatz von Clyde Football, ehe die Mannschaft in ihr heutiges Stadion umzog, und ich kann mich noch daran erinnern, daß ich die Spieler in ihren roten Hemden herumrennen sah, wenn ich auch nicht mehr weiß, ob das im Training oder bei einem Spiel war.

Wenn die Jahreszeit für das Reifenschlagen* mit »gird« und »cleek« gekommen war, machte Vater eiserne Reifen und Treibstöcke für mich und meine Freunde, und wir ließen das Eisen singen, wenn wir durch die Straßen von Bridgeton rannten und unsere kleinen Expeditionen zum Sauny Waste machten, einem unbebauten Gelände in der Flußschleife des Clyde oberhalb der Dalmarnock-Brücke. Von einer kurzen Straße, die zu einer Fabrik und einer Schweinemästerei am Rutherglen-Ufer führte, verlief ein Trampelpfad am Flußufer entlang. Er war sehr uneben, führte über viele kleine Hügel und Mulden, die große Geschicklichkeit erforderten, wenn man den Reifen ohne Unterbrechung und Absetzen über eine längere Strecke treiben wollte. Hügel und sandige Mulden füllten diese

---

* Ein »gird« war ein dünner Eisenreifen, ursprünglich ein Faßreifen, der dem Kind, das ihn schlug, mindestens bis zu Taille reichte, je größer, desto besser. Ein »cleek« war ein kurzer Eisenstab, der an einem Ende einen Haken oder Ring hatte, mit dem der Reifenschläger den Reifen antreiben konnte. Das Vergnügen bestand darin, so schnell zu rennen wie das große Rad, das neben einem rollte, ein Rad, das nur durch die Geschicklichkeit des Schlägers auch um Ecken rollen, Hindernissen ausweichen und über Schlaglöcher springen konnte, ohne daß einer von beiden langsamer wurde oder hinfiel.

Flußschleife aus, auf dem flachen niedrigen Stück in der Mitte konnten wir Fußball spielen. Oft standen an beiden Enden der Flußschleife Männer, die nach der Polizei Ausschau hielten, denn in einer der Mulden knobelten so etwa zwei Dutzend Männer regelmäßig um Geld. In der Mitte schwang ein Mann einen ledernen Gürtel, um den Ring freizuhalten, während ein anderer mit den Umstehenden Wetten abschloß und wieder ein anderer zwei Pennies auf einem Hölzchen oder seinem Finger balancierte, ehe er sie hoch in die Luft warf, von wo sie als Kopf oder Zahl herabfielen, oder als zweimal Kopf oder zweimal Zahl. Einmal Kopf und einmal Zahl war ein neutrales Ergebnis, und der Wurf mußte dann so lange wiederholt werden, bis beide als Kopf oder Zahl fielen. Bei Zahl freute sich die Zuschauermenge über ihre Gewinne, bei Kopf nahmen sie ihre Verluste in Kauf, in der Hoffnung, daß die Gewinnsträhne des Werfers ja nicht ewig andauern konnte. Wir kleinen Jungen waren in einem solchen Kreis nicht willkommen, aber wir krochen oft durch das Gras bis zum Rand der Mulde und linsten über die Köpfe der Spieler, liefen weg, sobald uns jemand bemerkt hatte, und rannten dann am Flußufer entlang oder über eine Nachbarstraße in unsere zurück. Fußball war natürlich unsere Lieblingsbeschäftigung. Die Straßen hatten Kopfsteinpflaster, der Ball lief also nicht immer geradeaus oder titschte im erwarteten Winkel, außer man benutzte die Hauswände mit, wenn man einen Gegner umspielte und wenn die Laternen die Torpfosten waren. Wenn jede Mannschaft nur aus zwei oder drei bestand, wurden die nächstgelegenen Laternen auf beiden Straßenseiten benutzt, aber wenn mehr Jungen zur Verfügung standen, dann waren zwei nebeneinanderliegende Laternen auf der gleichen Straßenseite das Tor, was ein größeres Feld ergab. Diese Fußballspiele waren bei den Leuten im Erdgeschoß und manchmal auch bei denen im ersten Stock nicht eben beliebt, denn Fenster konnten dabei zu Bruch gehen und gingen auch zu Bruch. Manchmal erschien ein Polizist, dann schnappten wir uns den Ball und verschwanden in den verschiedenen Hauseingängen, kletterten über die Zwischenmauern im Hinterhof in die benachbarten Straßen und ab in die Freiheit. Verstecken und Büchsenkicken waren Alternativen zum Fußball, und die Mädchen spielten entweder mit Reifen oder Murmeln oder hüpften Himmel und Erde. Manchmal durften ein paar auserwählte Mädchen auch mit den Jungen Verstecken spielen, und die Hauseingänge und Mülltonnen gaben jede Menge Spielraum für die Phantasie, wenn es darum ging, bloß nicht entdeckt zu werden.

Vater und Mutter waren zutiefst religiös. Vater beteiligte sich sehr rege an der Gründung der Congregational Union, d. h. der Vereinigung der Congregational Churches.* Manchmal, wenn der Pfarrer krank war, stieg Vater selbst auf die Kanzel, er beaufsichtigte die Sonntagsschule, war Kirchenältester, und als eine neue Gemeinde gegründet wurde, die Dalmarnock Road Congregational Church, da leistete er als Spende für die neue Kirche an die sieben Jahre lang seine Arbeit als Kirchendiener kostenlos. Weil die Frau des Pfarrers Invalidin war, führte Mutter den Vorsitz bei den Mothers' Meetings. Beide sind meiner Meinung nach beispielhaft für ein wahrhaft christliches Leben, denn sie befolgten nicht nur die täglichen Gebote ihres Glaubens, sie behandelten auch alle Menschen, un-

---

* Die Congregational Church war die Kirche von Cromwell und Milton und wäre in der kurzen Zeit während Cromwells Protektorat beinahe die gesetzlich etablierte Staatskirche Englands geworden, obwohl sie in ihrem Verzicht auf Liturgie und Verzierungen eher der Church of Scotland glich. Aber in der Church of Scotland werden Pfarrer von anderen Pfarrern ordiniert und zumindest teilweise durch staatliche Steuern finanziert. Die Pfarrer der Congregational Church werden von ihren Gemeinden ordiniert und finanziell unterstützt.

abhängig davon, welcher Religion sie anhingen oder ob sie überhaupt eine hatten, mit gleicher Hilfsbereitschaft, Güte und Toleranz. Wir sprachen vor allen Mahlzeiten ein Tischgebet, und jeden Abend, ehe wir zu Bett gingen, las Vater das Evangelium des Tages aus der Bibel vor, und Mutter sprach ein Gebet, oder umgekehrt, und manchmal wurden auch Agnes oder ich gebeten, einen Beitrag zu diesem Gottesdienst zu leisten.

Vater und Mutter waren sanftmütig. Ich habe nie gehört, daß sie in Diskussionen oder Streitgesprächen laut wurden, sei es untereinander oder mit anderen. In jenen Tagen, in den ersten Jahren dieses Jahrhunderts, gab es keine Sozialversicherung oder Krankenversicherung, und Arztrechnungen mußten tunlichst vermieden werden. Ich erinnere mich, wie Vater einmal mit bandagiertem Gesicht und verbundenen Händen nach Hause kam, als bei der Arbeit geschmolzenes Blei auf ihn gespritzt war. Er kam geradewegs aus dem Krankenhaus nach Hause, wo man ihm die Bleibröckchen von der Haut gezupft hatte, aß zu Mittag und ging wieder zur Arbeit. Ein andermal hatte man bei uns eingebrochen, die Schubladen, Kommoden und Schränke geplündert und Kleidungsstücke und anderes gestohlen. Vater kam nach Hause und hörte von dem Diebstahl. Sein erster Gedanke galt seiner Arbeitskluft, und er sagte nur: »Nun, sie haben mir meinen besten Anzug gelassen, den, den ich für die Arbeit brauche.« Nach vierzig Jahren bei derselben Firma erreichte er das Alter von fünfundsechzig Jahren, und man sagte ihm, er wäre nun zu alt, um noch als Schmied zu arbeiten. Ohne jegliche Vorankündigung reichte man ihm einen Wochenlohn, der wohl nie mehr als 30 Schillinge betragen hatte, denke ich, dankte ihm für seine langen, wertvollen Dienste und gab ihm den guten Rat, sich eine leichtere Arbeit zu suchen. Der Besitzer schüttelte ihm die Hand, und Vater ging, wohl wissend, daß er in seinem Alter keine Stelle als Handwerker mehr finden würde. Seine letzten fünf Arbeitsjahre verbrachte er als Hammerschläger, Zuarbeiter für einen Schmied bei Stewart & Lloyds in Rutherglen, und diese Arbeit war viel schwerer als die der Männer, denen er zuarbeitete. Ich habe ihn nie klagen hören. Er trank keinen Tropfen Alkohol und rauchte nicht. Seine wöchentliche Sonderausgabe war für Toffee und ab und zu für die Straßenbahn, wenn er samstagnachmittags seinen Spaziergang machte. Oft stand er am Sonntagmorgen früh auf und wanderte bis zu zehn Meilen, ehe er um 11 Uhr in die Kirche ging. Bevor ich samstags am Nachmittag immer Fußball spielte, nahm er mich auf seine Spaziergänge über die Wanderwege durch die Berge in der Umgebung von Glasgow mit, über Wanderwege, die Alexander McDonald in »Rambles Round Glasgow« beschrieben hat. Als Mutter zur Erholung nach einer Krankheit eine Woche in Strathaven verbrachte, wanderten Vater und ich an beiden Samstagen dorthin und zurück, nachdem wir mit der Straßenbahn bis Cambuslang gefahren waren.

Eine besondere Freude war für mich, wenn mich mein Onkel John ins Celtic Park-Stadion mitnahm. Er war der Bruder meiner Mutter und Vorarbeiter an den neuen Hochöfen bei Breadmore's. Die alten Hochöfen wurden noch von Hand beschickt, und dort war mein Onkel Tom Vorarbeiter. Beide wohnten in Parkhead. Ich kann heute noch das Raunen der Tausende auf den Tribünen hören, als Jimmy Quinn sich einen Weg auf das Tor zu bahnte, nachdem er mit seinen kräftigen Schultern alle Gegner zu Boden gestreckt hatte, und dann das Brüllen, als er den Ball mit mächtigem Schwung ins Netz donnerte.

Mutter hatte geschickte Hände. Sie strickte, häkelte, machte Marmelade und buk und hatte noch Zeit, für die Kirche zu arbeiten. Mit ihrem Beitrag zum Geldbeutel der

Familie sorgte sie dafür, daß die Grays jedes Jahr zur Glasgow Fair eine Woche Ferien machen konnten. Und kein einziges Mal sind wir in dieser Zeit zu Hause geblieben. Manchmal fuhren wir sogar auch an anderen Feiertagen »Doon the Watter«* den Clyde hinunter.

Politisch gesehen war mein Vater ein radikaler Liberaler, obwohl er sich nie aktiv in der Politik betätigte. Er kannte Keir Hardie persönlich und war dafür verantwortlich, daß K.H. in der Dalmarnock Congregational Church sprach, wo Reverend Forson zu jener Zeit Pfarrer war. Übrigens unterrichtete Vater auch eine Bibelklasse, und aus seiner Klasse gingen die beiden Graingers hervor, die sich später als Ärzte in Bridgeton niederließen, und drei Forsons, die alle Pfarrer in der Congregational Church wurden, einer davon sogar in Vaters eigener Gemeinde.

Ich ging in der John Street Higher Grade School zur Schule, in den Grundschulklassen und auch später noch. Ich war ein mittelmäßiger Schüler, immer besser mit den Händen und Füßen als mit dem Kopf. Ich erinnere mich noch an die Feiern, als George VII** König wurde. Wir bekamen jeder ein kleines Kästchen, auf dessen Deckel die Köpfe des Königs und der Königin geprägt waren. Man ließ uns von der Schule zum Glasgow Green marschieren, wo wir uns mit Sport und Spielen vergnügen sollten, aber was ich damals da gemacht habe, ist mir heute schleierhaft. Auf dem Glasgow Green wurde nicht nur Fußball gespielt, ein Teil war auch Wiese zum Wäschebleichen, und die Leute aus der Gegend breiteten dort nach der wöchentlichen

---

* »Doon the Watter« war ein Ausflug auf einem Schaufelraddampfer auf dem Clyde, vom Stadtzentrum zu einem der vielen Badeorte oder zu einer der Inseln des Firth of Clyde; gewöhnlich kehrten die Ausflügler am selben Tag wieder auf dem Schiff in die Stadt zurück.
** Dies ist ein Irrtum. Mein Vater hat Edward VII, der 1902 gekrönt wurde, mit George V verwechselt, der 1910 gekrönt wurde.

Wäsche ihre Kleider aus oder hängten sie auf und wässerten sie, damit die Sonne sie bleichen konnte. Das war in der Nähe der späteren Greenhead Baths. Dorthin führte man uns auch als Schulkinder zum Schwimmunterricht. Wir stellten uns dann draußen in einer Reihe auf. Um die vordersten Plätze waren wir von der Schule bis zum Schwimmbad um die Wette gerannt, und wir bereiteten uns schon draußen vor und zogen uns teilweise aus, um keine Zeit in den Kabinen neben dem Schwimmbecken zu verlieren.

Jedes Jahr zu Neujahr besuchte die gesamte Familie Stevenson die Großmutter, die über einem großen Torbogen, gleich hinter der heutigen Tramway Garage in Parkhead wohnte. Alle Onkel und Tanten waren mit ihren Kindern da, insgesamt vier Familien. Die Kinder setzten sich zuerst an den Tisch und bekamen große Portionen Steakpie und danach Plumpudding. Dann wurden sie zum Spielen nach draußen geschickt, während die Eltern ihr Mittagessen einnahmen. Hinter dem Torbogen ragte eine große Giebelwand auf, wo wir »Handball« spielten. Wir bildeten Mannschaften, und die beiden Mannschaften mußten abwechselnd den Ball gegen die Giebelwand schlagen; der Ball durfte erst dann geschlagen werden, wenn er einmal auf dem Boden aufgetitscht war. Die Mannschaft, der das nicht gelang, das heißt, die den Ball nicht nach einmal Titschen wieder an die Wand spielte, verlor einen Punkt, und diejenige, die zuerst sagen wir mal 10 Punkte verloren hatte, verlor das ganze Spiel. Wenn die Großen nach dem Essen mit dem Geschirrspülen fertig waren, gingen wir alle ins Haus zurück und verbrachten den Nachmittag mit Spielen und Liedern, jeder gab sein Bravourstückchen, ein Lied oder Gedicht, zum besten.

Am Sonntag wurden in der Kirche Gehröcke getragen. Vater, Bill, der in der Kirche Organist und Chorleiter war, und Jim, der im Chor sang (und auch im Orpheus Choir),

hatten Zylinder auf dem Kopf. Als Vater 1921 starb, war ich gerade in ambulanter Behandung im Bellahouston Hospital, einem Militärkrankenhaus, wo ich in Folge einer Kriegsverletzung nachbehandelt wurde. Um bei der Beerdigung die Würde der Familie zu wahren, mußte ich mir auch einen Gehrock und Zylinder besorgen.
Hier endet Alexander Grays Bericht.

Sie lesen dieses Porträt, weil Sie sich für Alasdair Gray, den Hersteller erdachter Dinge, interessieren, es tut mir also leid, daß dieser Aufsatz eher ein Vorwort für eine Autobiographie ist als die Skizze, die ich beabsichtigt hatte. Mir sind präzise Einzelheiten zu lieb, als daß ich eine schnelle, grobe Skizze entwerfen könnte. Und doch verrät der selbstverleugnende Bericht meines Vaters über seine Familie – sogar sein sprachlicher Stil – viel über die, die mich hervorgebracht haben, obwohl der sanftmütige, radikale Schmied, der die späteren Pfarrer der Congregational Church unterrichtete, dreizehn Jahre vor meiner Geburt starb und ich nicht einmal weiß, wann seine Frau ihm nachfolgte. Ich hörte zum erstenmal in meinen späten Teenagerjahren von den beiden, als ich Asthma-Anfälle hatte, die mir manchmal das Gefühl gaben, daß das ganze Leben und die gesamte Menschheitsgeschichte nur eine einzige schreckliche Krankheit wären, eine Krankheit, die nur ein Gott der Liebe würde heilen können, an den ich nicht glaubte. Mein Vater war radikaler Atheist, der – wie Marx – überzeugt war, daß die Menschheit eines Tages jedes Problem würde lösen können, das sie mit ihrer Vernunft erkennen konnte. Da er mich davon nicht überzeugen konnte, versuchte er mir zu helfen, indem er mir den Gott seiner Eltern mit Worten vorstellte, die sowohl ihrem als auch seinem Glauben Respekt zollten. Ich schrieb mir diese Worte auf (die von einigen Dingen berichten, die sein eigener, später ver-

faßter Bericht nicht erwähnt) und gab sie schließlich sinngemäß im 26. Kapitel eines sehr langen Romans wieder:
»Mein Vater war Kirchenältester in einer Congregational Church in Bridgeton: Das ist heute schon eine arme Gegend, aber damals war es noch schlimmer. Einmal verpflichteten sich die wohlhabenden Mitglieder, Spenden zu leisten, damit das Gebäude einen neuen Abendmahlstisch, eine Orgel und bunte Glasfenster bekommen konnte. Aber mein Vater war Schmied und hatte eine große Familie. Er konnte es sich nicht leisten, Geld zu geben, deshalb spendete er zehn Jahre unbezahlte Arbeit als Kirchendiener, fegte und wischte Staub, polierte das Messing und läutete zu den Gottesdiensten die Glocke. In der Gießerei bekam er immer weniger Lohn, je älter er wurde, aber meine Mutter half der Familie, indem sie Tischtücher und Servietten bestickte. Es war ihr Ehrgeiz, hundert Pfund anzusparen. Sie war eine gute Näherin, aber sie bekam ihre hundert Pfund nie zusammen. Mal wurde eine Nachbarin krank und brauchte Ferien, mal benötigte der Sohn von Freunden einen neuen Anzug für ein Vorstellungsgespräch, und dann gab sie das Geld ohne großes Theater und ohne jede Bemerkung, als wäre das überhaupt nichts Ungewöhnliches. Sie fand starken Trost im Gebet. Jeden Abend knieten wir alle im Wohnzimmer nieder und beteten, ehe wir zu Bett gingen. Diese Gebete hatten nichts Dramatisches. Mein Vater und meine Mutter hatten wohl das Gefühl, daß sie mit einem Freund redeten, der bei ihnen im Zimmer war. Ich hatte dieses Gefühl nie, und deshalb dachte ich, mit mir könnte etwas nicht stimmen. Dann begann der Erste Weltkrieg, und ich wurde zur Armee eingezogen und hörte Gebete ganz anderer Art. Die Geistlichen an allen Fronten beteten um den Sieg. Sie sagten uns, Gott wollte, daß unsere Regierung siegte, und Er stünde voll hinter uns, genau wie die Generäle, und Er wollte uns zu großen Taten

antreiben. Viele von uns verloren damals in den Schützengräben Gott ganz aus den Augen. Aber, Duncan, all diese großen Sprüche und Ideen sind nur Hilfsmittel, damit wir das tun können, was wir ohnehin schon tun wollen. Meine Eltern benutzten das Christentum: Es half ihnen, sich in einem schwierigen Leben anständig zu benehmen. Andere Leute benutzten es, um Kriege und persönlichen Besitz zu rechtfertigen. Aber, Duncan, es ist unwichtig, was ein Mensch glaubt – nur unsere Handlungen entscheiden, ob wir recht oder unrecht leben. Wenn du also bei einem Gott Trost finden kannst, dann leg dir einen zu. Es wird dir nicht schaden.«

Diese Rede – oder, um genau zu sein, die Worte, die sie sinngemäß wiedergibt – half mir damals nicht, denn Worte können körperlichen Schmerz nicht heilen, es sei denn, es handelt sich um eine Art Hypnose. Aber als meine Gesundheit wiederhergestellt war, halfen mir diese Worte, das zu glauben, was ich im wesentlichen auch heute noch glaube: daß die ererbte Anständigkeit so alt ist wie die ererbte Sünde, und im Grunde stärker; daß diejenigen, die beten, damit nur bewußt die Wünsche stärken, die (ob sie nun selbstsüchtig sind oder nicht) in ihnen ohnehin schon sehr stark sind und die über die Art von Gottheit entscheiden, die sie anflehen.

Ich schwöre, daß das oben angeführte Zitat keine Erfindungen meinerseits enthält, ich habe nur an zwei Stellen etwas gerafft und an einer übertrieben: Ich habe aus sieben Jahren kostenloser Kirchendienste zehn gemacht. Das Zitat enthält auch ein Bild, das ich in einem anderen Stück Prosa benutzt habe: das Bild eines kleinen Jungen, der während des Familiengebetes den Verdacht hat, daß mit ihm etwas nicht stimmt, weil er das Gefühl hat, daß Gott nicht bei ihm ist. Das Bild wurde Teil von »The Fall of Kelvin Walker« (»Ein Schotte auf dem Weg nach oben«), einem Stück, das ich 1964 schrieb, das 1968 von der BBC im Fernsehen gezeigt wurde und 1985 als Roman erschien. Es ist eine Fabel über einen grauenhaft ehrgeizigen jungen Schotten, der in London zu schnellem Reichtum gelangt. Seine gelungene Flucht aus den Klauen eines bösartig religiösen Vaters hatte in ihm große Energien freigesetzt, die ihn wie auf einer Woge vorantrieben. Sein Vater hatte den Gott Calvins wie einen Gummiknüppel dazu benutzt, seine Kinder zu unterwürfigem Gehorsam zu prügeln. Weder Vater noch Sohn in dieser Fabel ähneln meinem Vater oder seinem Vater oder mir, und keines der geschilderten Ereignisse ist einem von uns zugestoßen. Wenn ich eine Begebenheit kopiere, die aus meiner eigenen Erfahrungswelt oder der meiner Bekannten stammt, dann habe ich sie oft in einen Zusammenhang gestellt, der dem ähnelt, in dem sie sich ursprünglich ereignet hat, oft aber auch nicht. Die wohl dichteste und am absichtlichsten autobiographische Prosa habe ich in Buch 1 und 2 von »Lanark« geschrieben. Außer der Begegnung mit dem Pfarrer im Hochland, der Begegnung mit der Prostituierten, dem Wahnsinnsanfall und dem Selbstmord ist beinahe jeder Gedanke und jede Begebenheit aus der Realität kopiert und steht auch in einem ähnlichen Zusammenhang. Aber es wurde auch so viel aus meinem eigenen Leben *nicht* kopiert, daß nun »Lanark« von einem jungen Menschen berichtet, den seine schöpferische Phantasie seiner Familie, seinen Freunden, seinen Lehrern und seiner Stadt entfremdet hat. Ich hoffe, es ist als Tragödie überzeugend, wenn es mir auch nie so zugestoßen ist. Meine Familie und mindestens die Hälfte meiner Lehrer in der Schule haben meine Phantasie bewußt gefördert. Sie haben es auf sehr schottische Art gemacht: indem sie mir alle notwendigen Hilfsmittel und beinahe alle Zeit, die ich nur wollte, zur Verfügung stellten, damit ich malen und schreiben konnte, mich nie persönlich lobten, aber ständig über die Dinge, die ich gemacht hatte, redeten und prahlten, wenn sie glaubten, daß ich außer Hörweite war. Meine Familie und meine Schulbildung ließen mir die Kunst als die einzige Art erscheinen, wie ich geistige Abenteuer, körperliche Sicherheit und gesellschaftliche Anerkennung miteinander verbinden konnte. Sie formten das mir mitgegebene Bündel von Wesenszügen so, daß mir jede andere Arbeit vergleichsweise langweilig erscheinen mußte.

Der vorangegangene Abschnitt wurde verfaßt, um die Verbindungen und Unterschiede zwischen dem Leben und der Kunst zu betonen. Für diejenigen, die weitere Einzelheiten zu diesem faszinierenden Thema wünschen, füge ich noch eine Liste von Fragen und Antworten bei, die 1982 zur Vorbereitung für ein Fernsehprogramm verwendet wurden.

18. Juni 1987

Antworten von Alasdair Gray auf Fragen
von Christopher Swan und Frank Delaney
im August 1982

Frage: Wie würden Sie Ihre Herkunft beschreiben?
Antwort: Wenn mit Herkunft die Umgebung gemeint ist: Meine ersten fünfundzwanzig Jahre habe ich in Riddrie, einem Stadtteil im Osten von Glasgow verbracht, einem ordentlich gepflegten Bezirk mit sandsteinverblendeten hohen Mietshäusern und villenähnlichen Doppelhäusern. Unsere Nachbarn waren eine Krankenschwester, ein Postbote, ein Drucker und ein Tabakhändler, und ich war also ein kleiner Snob: Ich hielt es für selbstverständlich, daß Großbritannien zum größten Teil im Besitz von Riddrie-Leuten war und von ihnen auch regiert

wurde – von Leuten wie meinem Vater. Wenn mit Herkunft die Familie gemeint ist: hart arbeitend, gebildet und sehr nüchtern. Mein englischer Großvater war ein Vorarbeiter aus einer Schuhfabrik in Northampton und kam nach Norden, weil ihn die Arbeitgeber im Süden auf ein schwarze Liste gesetzt hatten. Mein schottischer Großvater war Schmied in einer Eisengießerei und Kirchenältester in einer Congregational Church. In den dreißiger Jahren, als mein Vater heiratete, arbeitete er an einer Maschine in einer Fabrik, die Pappschachteln herstellte, ging in seiner Freizeit wandern und bergsteigen und arbeitete ehrenamtlich als Schriftführer für den Camping Club of Great Britain und das schottische Jugendherbergswerk. Meine Mutter war eine gute Hausfrau, die nie klagte, aber, wie ich heute weiß, mehr vom Leben wollte, als es ihr damals bot. Mein Vater hatte verschiedene Möglichkeiten, Freude im Leben zu finden. Sie hatte sehr wenige. In dieser Hinsicht waren sie ein typisches Ehepaar. Ich hatte eine jüngere Schwester, die ich herumkommandierte und mit der ich mich stritt, bis wir schließlich nicht mehr im selben Haus lebten. Dann wurde sie eine meiner besten Freundinnen.

Frage: Wie war Ihre Kindheit?

Antwort: Einmal abgesehen von den Asthma-Anfällen und gelegentlichen Ekzemen war sie meist schmerzfrei, aber oft langweilig. Der größte Wunsch meiner Eltern war, daß ich auf die Universität gegen sollte. Sie wollten, daß ich einen gehobenen Beruf ergreifen sollte, wissen Sie, denn Angehörige der oberen Berufsstände verlieren bei einer Rezession nicht so leicht ihre Stelle. Damit ich auf die Universität gehen konnte, mußte ich Prüfungen in den Fächern Latein und Mathematik bestehen, die ich gar nicht mochte. Ich verbrachte also die Hälfte meiner Schultage mit Tätigkeiten, die sich für mein Gehirn anfühlten wie Sägemehl für den Mund. Und dann waren da natürlich noch die Hausaufgaben. Mein Vater wollte mir die Plagen des Lernens dadurch versüßen, daß er mich auf Wander- und Klettertouren mitnahm, aber es machte mir überhaupt keinen Spaß, mich immer in seinem Schatten vergnügen zu müssen. Die Weltflucht mit Comics, Filmen und Büchern war mir viel lieber: am liebsten mit Büchern. Riddrie hatte eine gute Leihbibliothek. Ich hatte eine instinktive Vorliebe für alle Arten von unrealistischem Mist, aber nachdem ich alles gelesen hatte, was sie in dieser Richtung anzubieten hatten, war nur noch das gute Zeug übrig: und natürlich Mythen und Legenden und Reiseberichte und Biographien und Geschichte. Ich hielt eine gut bestückte öffentliche Bücherei für den Gipfel des demokratischen Sozialismus. Daß eine nette, langweilige Gegend wie Riddrie eine solche Bibliothek hatte, war für mich ein Beweis dafür, daß die Welt im Grunde in Ordnung war.

Frage: Wann haben Sie zum erstenmal bemerkt, daß Sie ein Künstler sind?

Antwort: Ich habe das nicht bemerkt. Wie alle Kinder, denen man Sachen zum Zeichnen und Malen gibt, habe ich es einfach gemacht, und es hat nie jemand gesagt, daß ich aufhören soll. In der Schule haben sie mich sogar dazu ermutigt. Und meine Eltern haben (wie damals viele Eltern) erwartet, daß ihre Kinder irgendein Bravourstückchen hatten – ein Lied oder ein Gedicht, das sie bei Gesellschaften zu Hause vorführen konnten. Die Gedichte, die ich da aufsagen mußte, waren sehr schlecht, so in der Art von A. A. Milne. Ich stellte fest, daß ich Verse schreiben konnte, die mir genauso gut, wenn nicht *besser* vorkamen, denn sie waren von mir. Mein Vater tippte sie für mich, und auch die kindischen kleinen Geschichten, die ich an Kinderzeitungen und die

Wettbewerbe im Radioprogramm für Kinder einschickte. Als ich elf Jahre alt war, las ich ein vierminütiges Programm mit meinen eigenen Geschichten in der Kinderstunde von Scottish BBC. Aber ich war wohl acht oder neun Jahre alt, als mir zum erstenmal der Gedanke kam, daß ich eines Tages eine Geschichte schreiben würde, die in einem Buch abgedruckt würde. Das weckte in mir ein Gefühl von unbändiger, fröhlicher Kraft.

Frage: Was haben Sie so gemalt, als sie ein Kind waren?

Antwort: Raumschiffe, Monster, Landkarten erfundener Planeten und Königreiche, Hintergründe für die romantischen und gewalttätigen Abenteuergeschichten, die ich meiner Schwester auf dem Schulweg erzählte. Sie war das erste Publikum, auf das ich mich in den wichtigen Jahren zwischen sieben und elf immer verlassen konnte.

Frage: Wie haben Ihre Eltern auf Ihren Wunsch, den Künstlerberuf zu ergreifen, reagiert?

Antwort: Sie waren sehr beunruhigt. Sie wollten, daß die Kunst mein Leben in der Freizeit bereicherte, die mir ein gut bezahlter Beruf ließe. Aber sie befürchteten, zu Recht übrigens, daß ein Leben, das nur der Herstellung von Kunst gewidmet war, mich dazu bringen würde, in den Schlangen auf dem Sozialamt zu stehen und Kleider aus Second-Hand-Läden zu tragen und Geld zu borgen und den Strom gesperrt zu bekommen – mich also in die Lage versetzen würde, in die viele ehrbare Arbeiter während wirtschaftlicher Rezession aus Gründen, für die sie nicht verantwortlich sind, hineingezwungen werden. Daß ich freiwillig ein schmieriger Schmarotzer werden wollte, um irgendwelche obskuren Luxusgegenstände herzustellen, die kaum jemand haben wollte, beunruhigte sie sehr, wie es auch mich beunruhigen würde, wenn mein Sohn einen solchen Weg einschlagen wollte. Folglich war es mir auch bis vor ein paar Jahren noch peinlich, wenn ich Leuten meinen Beruf sagen mußte. Aber diese Verlegenheit hatte letztes Jahr ein Ende, als ich genug Geld verdiente, um Steuern zahlen zu müssen, es war also nicht mehr wichtig.

Frage: Kann es sein, daß Ihre ausschließliche Beschäftigung mit schottischen Themen »Lanark« für Nicht-Schotten unzugänglich macht?

Antwort: Sie würden mich wohl kaum interviewen, wenn mein Buch nur für Schotten zugänglich wäre. Und alle Phantasiearbeiter schaffen Kunst aus den Leuten und den Orten, die sie am besten kennen. Kein guter Schriftsteller fürchtet sich, wirkliche Ortsnamen zu verwenden – die Bibel ist voll davon. Kein guter Schriftsteller fürchtet sich, Lokalpolitik zu zitieren – Dante bevölkert Hölle, Fegefeuer und Himmel mit Politikern. Ich glaube nicht, daß Schottland ein besseres Land ist, daß Glasgow eine bessere Stadt ist als alle anderen, aber alles, was ich über Himmel und Hölle weiß, habe ich hier gelernt, und deswegen benutze ich es, wenn auch manchmal in verdeckter Form – so wie Dean Swift vorgegeben hat, eine von Zwergen bevölkerte Insel zu beschreiben, als er England beschrieb.

Frage: Was war Ihr Grund, »1982 Janine« zu schreiben?

Antwort: Der Wunsch, einen Typ von Mann zu beschreiben, den jeder kennt und den die meisten respektieren können: kein Künstler, kein Egoist, nicht einmal ein Radikaler: ein sehr guter Handwerker und Techniker, zuverlässig, ehrlich und konservativ, der einer der Könige seines Zeitalters sein sollte, es aber nicht weiß, weil er dazu ausgebildet wurde, einfach nur zu tun, was man ihm sagt. Also haßt er sich selbst wie die Pest und wird still für sich langsam verrückt.

Frage: Was sind die Themen Ihrer Gemälde?

Antwort: Der Garten Eden und der Triumph des Todes. Alle

meine Bilder zeigen eines von beiden oder beides. Das ist nichts Außergewöhnliches. Jedes gute Porträt zeigt einen Menschen irgendwo auf der Reise von jenem glücklichen Garten zum Triumph des Todes. Ich halte diese Zustände nicht für weit hergeholte Phantasien. Jeder ruhige Ort, an dem Leute gerne und vergnügt zusammenfinden, ist himmlisch. Jeder Ort, wo Menschenmassen in Furcht und Schrecken miteinander kämpfen, ist die Hölle – oder zumindest die Schwelle zur Hölle.

Frage: Wie wichtig ist Ihnen die Religion als Thema?

Antwort: Religion ist kein Thema. Religion – jede Religion – ist eine Art, die Welt zu sehen, eine Methode, das Naheliegende, das Gewöhnliche, das Vergängliche mit dem Fernen, dem Phantastischen, dem Ewigen zu verbinden. Religion ist ein perspektivisches Mittel, also benutze ich sie selbstverständlich. Ich unterscheide mich von den Kirchenleuten darin, daß ich Himmel und Hölle als Bausteine des Lebens selbst sehe, nicht erst eines Lebens nach dem Tod. Als Intellektuellem ist mir der Olympierglaube der Griechen am liebsten. Als Gefühlsmensch dominiert mich das Alte Testament. Als Moralist ziehe ich Jesus vor, aber er setzt Maßstäbe, die ich unmöglich anstreben kann, weil ich zu selbstsüchtig bin. Ich fühle mich mit seinem Herrn Papa, mit Jehova, doch wohler, der zwar gemeiner ist, aber auch menschlicher. Die Welt ist voller kleiner Jehovas.

Fototeil

Alasdair Gray im Haus seiner Frau 2, Marchmont Terrace, Glasgow, Januar 1996

der Autor mit den Originalentwürfen für die Titelbilder von »Poor Things«, »Ten Tales Tall & True«, »A History Maker«

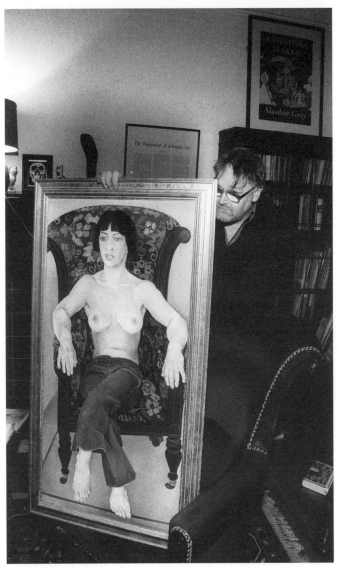

Alasdair Gray mit Porträt einer Freundin, Marchmont Terrace, Glasgow, Januar 1996

Marchmont Terrace, Glasgow, Januar 1996

Marchmont Terrace, Glasgow, Januar 1996

Marchmont Terrace, Glasgow, Januar 1996

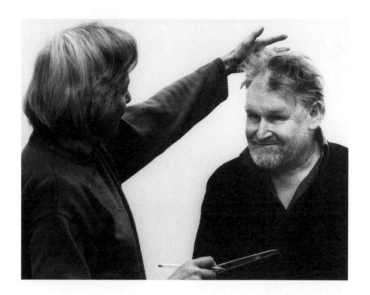

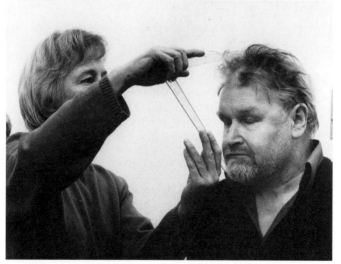

die Bildhauerin Angela Coulter nimmt Maß für eine Porträtbüste

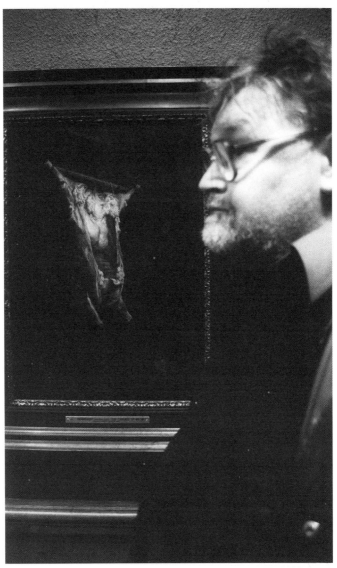

in der Kelvingrove Art Gallery mit Rembrandts »Geschlachteter Ochse«

mit dem Turm der Glasgow University, vom Dach der Universitätsbibliothek aus gesehen

auf dem Friedhof der Glasgow Cathedral mit Glasgow Royal Infirmary

im Inneren von Glasgow Cathedral

vor der Nekropolis, Glasgow, Januar 1996

Glasgow, Marchmont Terrace, Januar 1996